LE LIVRE DE LA SAGESSE ÉTERNELLE

HOROLOGIUM SAPIENTIAE

HENRI SUSO

Traduction par
ETIENNE CARTIER

SSEL

TABLE DES MATIÈRES

1. Comment Dieu attire à lui des âmes qui s'entendent appelées sans reconnaître sa voix.   1
2. Comment on parvient à la divinité de Jésus par les douleurs de son humanité.   4
3. Des motifs de l'Incarnation et de la Passion de Jésus-Christ.   7
4. Jésus-Christ a souffert pour être imité.   10
5. Avec quel excès d'amour Jésus-Christ souffrit pour nous.   12
6. Gémissements du Disciple.   14
7. L'éternelle Sagesse console son Disciple.   17
8. Combien la tiédeur de l'âme est dangereuse.   20
9. Qu'il est impossible de servir à la fois Dieu et les créatures.   23
10. Combien se trompent les tièdes et les mondains.   25
11. Combien la Sagesse éternelle est aimable, et quelles douceurs elle réserve aux âmes.   28
12. Comment Dieu aime les âmes d'une manière particulière.   31
13. Comment la divine Sagesse est à la fois aimable et terrible ; combien ses voies sont cachées.   33
14. Quels sont les signes de la présence de Dieu.   36
15. Pourquoi on ne peut pas toujours jouir de la présence de Dieu.   38
16. Combien les hommes ont tort de se plaindre des croix et des difficultés qu'ils rencontrent dans les voies de Dieu.   40
17. Quelles sont les misères de ceux qui suivent le monde.   42
18. De la gloire des justes.   44
19. Pourquoi Dieu se réjouit des souffrances de ses serviteurs.   47

20. La méditation de la Passion de Jésus-Christ procure de grands biens ; et comment il faut s'y livrer. 52
21. Comment on peut mourir avec Jésus-Christ sur la Croix. 56
22. Quel fut le but de notre Seigneur Jésus-Christ sur la Croix. 60
23. Règles sommaires de la vie spirituelle. 63
24. Le disciple de la divine Sagesse assiste à la mort subite d'un jeune homme de trente ans. 66
25. Du très-saint sacrement de l'Eucharistie. 75
26. De quelle manière l'âme doit se préparer à recevoir l'Eucharistie. 79
27. Combien de grâces s'acquièrent par la fréquente Communion. 82
28. De la louange qu'on doit à Dieu. 85
29. Comment Dieu est une essence très-simple. 94
30. Comment l'homme doit retourner à Dieu. 97
31. En quoi consiste le véritable renoncement. 101
32. Comment l'âme devient une même chose avec Dieu. 103
33. De la vie du juste qui se renonce en Dieu. 108

Le LIVRE DE LA SAGESSE ÉTERNELLE est l'un des meilleurs écrits du bienheureux Henri Suso, prêtre de l'Ordre de Saint Dominique, qui vécut une vie de labeur et de souffrances merveilleuses, et mourut au XIVe siècle avec une réputation de sainteté que l'Église a solennellement confirmée. On ne saurait trop recommander ce traité et son auteur. Nous n'en connaissons aucun qui surpasse Henri Suso pour la solidité de son enseignement, la sublimité de sa pensée, la clarté de son expression et la beauté de ses illustrations.

Ce petit livre composé de trente-trois chapitres, également publié sous le titre *Horologium Sapientiae* (Horloge de la Sagesse), fut l'un des textes de dévotion européens les plus populaires des XIVe et XVe siècles, aux côtés notamment de L'imitation de Jésus-Christ.

1
COMMENT DIEU ATTIRE À LUI DES ÂMES QUI S'ENTENDENT APPELÉES SANS RECONNAÎTRE SA VOIX.

Le Disciple. — Ô Dieu qui êtes la douceur même, vous savez que dès mes premières années, mon âme a ressenti un désir, une soif d'amour dont elle ignorait la cause. Depuis longtemps mon cœur soupire après un bien qu'il ne peut voir, qu'il ne peut atteindre ; et dans cet instant même je sens que je désire, que j'aime, et je ne sais ce que je désire et ce que j'aime. Il faut que ce soit une grande chose, puisqu'elle attire mon cœur avec une telle puissance, et je sens que tant que je ne la posséderai pas, je ne pourrai vivre tranquille.

Je me souviens qu'aux jours de mon enfance, je m'adressais aux créatures, dans lesquelles j'espérais trouver l'apaisement de mes affections ; mais je me trompais : plus je m'attachais à elles, plus le bien que je cherchais me fuyait ; ces créatures, qui m'avaient séduit, me disaient toutes : *Nous ne sommes pas le bien que tu cherches ; cherche-le ailleurs, si tu veux le trouver.*

Et ce bien, je le désire, je le veux plus que jamais. Je sais ce qu'il n'est pas, mais j'ignore ce qu'il est. Dites-moi donc, Dieu tout-puissant, ce qui m'appelle avec tant de charme, ce qui m'attire, ce qui me captive ainsi.

La Sagesse. — Ce bien, tu ne le connais pas ! c'est cependant lui qui t'a si doucement pressé, qui t'a si souvent arrêté dans tes égarements, qui t'a poursuivi, éclairé jusqu'à ce que, dégagé des choses créées, tu lui aies été uni par les liens de l'amour.

Le Disciple. — Mais si je ne l'ai jamais vu, si je n'ai jamais eu le bonheur de le rencontrer, qu'y a-t-il d'étonnant que je ne sache pas ce qu'il est ?

La Sagesse. — C'est ta faute si tu as vécu dans cette ignorance. La familiarité des créatures t'a rendu négligent et paresseux dans tes recherches. Mais maintenant, ouvre les yeux intérieurs de ton âme, et vois qui je suis. Je suis le Bien suprême, Dieu, la Vérité, la Sagesse éternelle, qui t'ai choisi par amour du sein de mon éternité, et qui te réclame comme le prédestiné de ma Providence.

Le Disciple. — C'est donc vous, ô très-douce Sagesse, qui êtes le bien que je cherchais depuis si longtemps et que j'appelais jour et nuit par mes larmes et mes soupirs ? Pourquoi tant différer la grâce de votre lumière ? pourquoi ne pas vous révéler plus tôt à mon cœur ? Hélas ! quels chemins difficiles j'ai parcourus sans vous atteindre !

La Sagesse. — Si je m'étais montrée dès l'origine, tu ne goûterais pas, tu ne comprendrais pas ma bonté, comme tu peux maintenant la goûter et la comprendre ; c'est par le désir qu'on acquiert la jouissance, et jamais on n'arrive à ma lumière sans de pénibles efforts.

Le Disciple. — Ô Bonté immense, comme vous m'avez traité avec tendresse ! Lorsque je n'étais pas, vous m'avez créé ; lorsque je vous abandonnais, vous me cherchiez ; lorsque je vous fuyais, vous m'arrêtiez et vous me ranimiez dans votre charité. Si je pouvais multiplier mon cœur pour vous aimer mille fois davantage, pour vous louer sans cesse, que je serais content !

Combien est heureuse l'âme qui est l'objet de votre miséricorde et que vous embrasez tellement de votre amour, qu'il n'y a plus pour elle de repos qu'en vous !

Puisque vous êtes cette Sagesse éternelle que j'aime et que j'adore, ne méprisez pas votre créature, mais regardez avec compassion mon pauvre cœur tout glacé par les vanités de ce monde. Délivrez-le de ses liens et de ses ténèbres ; éclairez-le et faites-moi la grâce de pouvoir m'entretenir avec Vous. Peut-on s'aimer et ne rien se dire ? vous le savez bien, mon cœur n'a d'autre plaisir que de penser à vous, de soupirer après vous. La seule ambition de celui qui aime est de jouir de ce qu'il aime ; si vous voulez que je vous aime seul et que je vous aime davantage, montrez-vous dans une plus vive lumière et donnez-moi une plus grande intelligence de votre bonté.

La Sagesse. — Quand les créatures quittent Dieu, elles descendent par une pente naturelle, des choses supérieures aux choses inférieures ; mais lorsqu'elles retournent à leur principe, elles doivent aller des plus humbles aux plus élevées. Si donc tu veux connaître et contempler ma divinité, commence à me connaître et à m'aimer dans les tourments de ma douloureuse humanité. C'est pour toi le plus court chemin de la béatitude.

Le Disciple. — Eh bien ! Seigneur, au nom de cet amour qui vous fit abandonner pour cet exil le trône et le sein de votre Père, au nom de cet amour qui vous fit endurer les angoisses d'une horrible mort, daignez montrer à mon âme ces formes touchantes que votre amour a voulu revêtir sur l'arbre sanglant de la Croix.

La Sagesse. — Plus je me suis laissé vaincre par l'amour, plus la mort qu'il m'a fait endurer a été affreuse, plus aussi je dois être aimable aux âmes, droites et pures. C'est dans l'horreur de ma Passion que brillent la force et la puissance de ma charité ; le soleil se connaît par son éclat, la rose par son parfum et le feu par sa chaleur. Écoute donc avec quel amour et quelles angoisses j'ai souffert pour ton salut.

2
COMMENT ON PARVIENT À LA DIVINITÉ DE JÉSUS PAR LES DOULEURS DE SON HUMANITÉ.

La Sagesse. — Médite ma Passion, ô mon fils, pour graver en toi les supplices cruels auxquels je me suis soumis. Tu sais qu'après la dernière cène, dans le jardin des Oliviers, j'ai accepté, pour obéir à mon Père, la plus horrible mort. La Croix qui m'attendait m'épouvantait tellement, qu'une sueur de sang découla de tous mes membres ; je fus pris, chargé de liens, traîné dans la ville, couvert de coups et de crachats, injurié, calomnié, jugé digne de mort et conduit à Pilate, devant qui j'étais comme un doux agneau parmi les bêtes féroces ; rappelle-toi cette robe blanche dont on me revêtit par dérision chez Hérode, et mon corps flagellé, ma tête couronnée d'épines, et ce bois d'infamie avec lequel je sortis de Jérusalem, aux cris du peuple : Crucifiez-le ! crucifiez le ! Que ton âme me contemple ainsi humilié, méprisé et regardé par tous comme un impie, un misérable, digne de la mort la plus cruelle.

Le Disciple. — Ô mon Jésus ! si les commencements de votre Passion sont si affreux, quelle sera donc sa fin ? Si je voyais un pauvre animal traité de la sorte, je ne pourrais en supporter la vue. Oh ! combien plus doit déchirer mon âme le spectacle de votre Passion ! Mais pourquoi, ô Sagesse éternelle, lorsque je désire contempler les joies de votre divinité, pourquoi m'offrez-vous au contraire les déchirements de votre humanité ? Vous me présentez l'amertume, lorsque j'ai soif de vos douceurs. Quelles sont vos intentions ? Je soupire après le lait de votre tendresse, et vous m'excitez aux combats, vous donnez le signal des blessures et des douleurs.

La Sagesse. — La douceur s'acquiert par l'amertume, et on n'arrive aux grandeurs de ma divinité que par les humiliations de mon humanité. Plus celui qui veut s'élever sans le secours de mon sang fait d'efforts, plus il tombe misérablement dans les ténèbres de l'ignorance. Mon humanité sanglante est la porte lumineuse que tu désires ; dépouille-toi donc de tes faiblesses de cœur, et prends les armes pour marcher à mes côtés. Il ne convient pas que le serviteur se repose dans les délices, lorsque son maître combat vaillamment au milieu des glaives ennemis.

Viens avec moi et ne crains rien ; je te revêtirai de mes armes, et tu partageras mes peines et mes blessures. Que ton âme soit forte et généreuse ; apprends que pour soumettre la nature au joug de la perfection, il faut souffrir bien des croix et bien des morts dans ton cœur. Je te ferai ressentir vivement ma sueur de Gethsémani, et ton jardin portera des fleurs rouges et sanglantes ; tu seras arraché de ta vie paisible, insulté et chargé des liens des méchants ; tes ennemis te tourmenteront par de secrètes calomnies, et tu seras publiquement couvert de confusion. Les jugements téméraires t'accableront, et tes proches deviendront les détracteurs de ta vie sainte. Tu seras flagellé par les mauvaises langues, couronné par les mépris, et tu pourras de la sorte porter avec amour ma Passion dans ton cœur. Enfin tu prendras avec moi le chemin du Calvaire, courbé sous le poids de la Croix, lorsque tu auras renoncé à ta volonté, lorsque tu te seras quitté entièrement toi-même, vivant libre et affranchi de toute créature comme celui qui va mourir, et qui cesse en expirant tout commerce avec le monde.

Le Disciple. — Ô mon Jésus, que ces choses sont dures, et que ces voies sont difficiles à suivre ! La frayeur me saisit, et je tremble de tous mes membres : jamais je ne pourrai supporter de semblables travaux.

3
DES MOTIFS DE L'INCARNATION ET DE LA PASSION DE JÉSUS-CHRIST.

Le Disciple. — Permettez-moi de vous faire une demande. Ne pouviez-vous pas trouver, ô Sagesse éternelle, un plan plus facile et plus doux pour vous et pour moi ? Pourquoi ne pas prendre un autre moyen de me sauver et de me prouver votre amour sans vous condamner à la souffrance et sans m'obliger à souffrir avec vous ?

La Sagesse. — L'abîme impénétrable des desseins avec lesquels ma providence gouverne le monde, ne peut être compris ni par toi ni par aucune créature. J'avais certainement mille moyens de sauver le genre humain ; mais dans l'état où étaient les choses, il était impossible d'en trouver un plus convenable. L'auteur de la nature ne recherche pas ce qu'il peut faire, mais bien ce qui convient le plus à chaque chose ; et tout ce qu'il fait est plutôt pour satisfaire aux besoins de ses créatures que pour montrer sa toute-puissance. Les hommes pouvaient-ils mieux comprendre les secrets de Dieu qu'en me voyant revêtu de mon humanité ?

L'homme s'était privé des joies éternelles par un amour déréglé ; il ne pouvait remonter à la source de la béatitude que par la voie de la douleur. Mais comment l'homme pouvait-il entrer dans une voie si nouvelle et si dure sans y avoir été précédé par Dieu même ? Si tu étais condamné à mort et qu'un ami voulût mourir à ta place, ne dirais-tu pas : Oui, mon ami ne pouvait pas me prouver davantage la sincérité, la grandeur de son affection ; rien ne pouvait me le rendre plus cher que ce qu'il veut faire pour moi. Et c'est là le but de mon amour infini, de mon ineffable miséricorde, de ma divinité, de mon humanité, de ma tendresse pour toi.

Tout ce que j'ai fait est pour t'appeler, t'attirer, te persuader de m'aimer comme je t'aime. Quel cœur de rocher n'attendrirait pas un amour semblable ? Examine et cherche si, dans l'ordre de la création, je pouvais trouver un moyen plus magnifique de satisfaire la justice, de prouver la miséricorde, d'élever ta nature et de t'ouvrir les trésors de ma bonté. Non, rien ne pouvait réconcilier le ciel et la terre comme la sagesse de la Croix et les douleurs de ma mort.

Le Disciple. — Ô Sagesse ! mes yeux s'ouvrent maintenant à la lumière, et j'aperçois les rayons de votre vérité. Je reconnais que votre Passion et votre mort sont les preuves les plus évidentes que vous puissiez donner de l'ardeur de votre amour. Mais, hélas ! ô mon Jésus, pour un corps faible et lâche comme le mien, il me semble bien difficile de vous suivre au Calvaire.

La Sagesse. — Ne crains pas de défaillir dans le chemin de ma Croix. Pour celui qui aime Dieu de tout son cœur et qui lui est uni par l'esprit d'amour, la Croix même rend tout si facile, si léger, si supportable, qu'il n'est jamais tenté de se plaindre. Personne n'est plus consolé que celui qui partage ma Croix, et mes douceurs coulent en abondance pour l'âme qui s'abreuve au calice de mes amertumes. Si l'écorce est amère, le fruit est d'un goût délicieux, et l'on ne regrette jamais la peine quand on songe à la récompense. Arme-toi donc de lumières, médite mes promesses et regarde la couronne. Viens avec confiance, et sois persuadé que l'âme qui commence à combattre avec moi est presque déjà victorieuse.

4
JÉSUS-CHRIST A SOUFFERT POUR ÊTRE IMITÉ.

Le Disciple. — Ô mon très-doux Jésus, combien je vous remercie de m'avoir consolé et encouragé par vos paroles ! Il me semble qu'avec votre aide et votre compagnie, je pourrai tout faire et tout supporter : continuez donc à me découvrir les trésors de votre Passion.

La Sagesse. — Je fus cloué à l'arbre de la Croix, où m'avait étendu l'amour, et sur ce bois du sacrifice, tout mon corps fut défiguré, toute ma beauté disparut. J'avais les yeux ternes et livides, les oreilles remplies d'injures et de blasphèmes, l'odorat tourmenté par des odeurs immondes, la bouche abreuvée d'amertume, et toute ma chair délicate était sillonnée de plaies affreuses.

Je ne pouvais trouver dans l'univers entier le plus léger soulagement. Ma tête, appesantie par la douleur, pendait sur ma poitrine, mon cou était gonflé de meurtrissures, mon visage était couvert de crachats, tout mon extérieur était d'une horrible pâleur, et la majesté de tout mon corps avait tellement disparu que je ressemblais à un misérable lépreux ; et cependant j'étais la Sagesse éternelle, plus belle que le soleil.

Le Disciple. — Ô miroir resplendissant de toutes les grâces, vous qu'aiment et que désirent les anges ! ô Verbe de lumière, les délices du paradis et la gloire du ciel ! si du moins j'avais pu dans ce moment avoir sur ma poitrine votre aimable visage, si pâle, si sanglant, si défiguré, je l'aurais lavé avec les larmes de mon cœur, et mon âme se serait un peu soulagée par ses sanglots. Oh ! que n'ai-je en moi tous les gémissements et tous les pleurs des saints !

La Sagesse. — La manière la plus vraie de compatir à ma douleur est de l'imprimer par des actes dans son âme et dans son corps. J'aime mieux le détachement de tout amour terrestre, l'étude fidèle de mes exemples, et la transformation d'une âme qui imite ma Passion, que tous les gémissements du monde, que toutes les larmes possibles, fussent-elles plus abondantes que toutes les gouttes de pluie qui sont tombées du ciel. Car c'est avant tout pour être imité que j'ai voulu souffrir ; c'est pour imprimer dans mes élus ma douloureuse image que je suis monté sur la Croix. Je suis loin cependant de rejeter les larmes d'une sainte compassion.

Le Disciple. — Seigneur, je veux à l'avenir m'appliquer plus à imiter votre vie et votre Passion qu'à la plaindre et à la pleurer ; mais enseignez-moi, ô Sagesse éternelle, comment je dois vous ressembler dans vos tourments.

La Sagesse. — Refuse-toi tout plaisir et toute satisfaction des sens ; fuis toute curiosité des yeux et des oreilles ; fais ce qui te répugne, mon amour te le rendra doux et agréable. Refuse constamment tout adoucissement à ton corps ; ne trouve de plaisir et de repos qu'en moi ; supporte avec douceur et humilité les défauts d'autrui ; aime qu'on te méprise ; combats tous tes appétits ; foule aux pieds et détruis tes désirs ; ce sont là les premières leçons qu'on reçoit à l'école de la Sagesse. Elles se trouvent et se lisent dans le livre ouvert de mon corps crucifié. Lorsque tu seras arrivé à faire ces choses, examine bien si tu es pour moi ce que je suis pour toi, et tu verras l'infinie différence.

5
AVEC QUEL EXCÈS D'AMOUR JÉSUS-CHRIST SOUFFRIT POUR NOUS.

Le Disciple. — Ce que vous dites est vrai, Seigneur ; mais je suis si insensible à vos douleurs, si oublieux de vos bontés et des trésors que vous nous avez acquis par votre Passion, que je vous prie de m'expliquer encore votre amour, afin de me porter davantage à vous aimer, à vous glorifier, à vous imiter.

La Sagesse. — Médite donc avec quelle constance j'ai souffert, et tu comprendras mon amour. Tu sais que ce qui augmente un bienfait c'est l'élan du cœur qui le donne : eh bien ! non-seulement j'ai voulu souffrir pour vous, mais, par excès d'amour, j'ai voulu souffrir tout ce qu'il était possible de souffrir. Je voulais pouvoir dire aux hommes : Voyez si dans tout l'univers vous trouverez un cœur plus plein d'amour que le mien. J'ai voulu que toutes les parties de mon corps fussent frappées, blessées, déchirées comme mon cœur, afin qu'il n'y eût rien en moi qui ne souffrît pour vous et qui ne vous prouvât ma tendresse infinie.

Le Disciple. — Ô très-doux Jésus, quels désirs, quelle ardeur pour souffrir, quelle immense charité ! Mais, encore une fois, ne pouviez-vous pas racheter l'homme et sauver mon âme sans ces excès d'amour ? ne pouviez-vous pas choisir des peines plus douces et des preuves de tendresse moins éclatantes ?

La Sagesse. — Souviens-toi que je suis Dieu, et que mon amour ne peut être qu'infini. Non, le malade consumé par la soif de la fièvre ne soupire pas davantage après les boissons rafraîchissantes ; le mourant ne désire pas plus se rattacher à la vie et jouir encore de la lumière du ciel, que je n'ai désiré secourir les pécheurs et montrer à toutes les âmes combien j'aime et combien je mérite d'être aimé. On pourrait plutôt faire recommencer les jours qui ne sont plus, et rendre leur beauté aux fleurs desséchées, que mesurer mon amour pour toi et pour les autres hommes.

Il n'y a pas une partie de mon corps qui n'ait eu sa douleur et qui n'ait été marquée du signe de mon amour ; mes mains et mes pieds étaient percés par les clous, mes jambes brisées de fatigue, tous mes membres étendus immobiles sur la Croix ; mon dos, déchiré de blessures, n'avait pour se reposer qu'un bois dur et raboteux ; mon corps, affaissé sur lui-même, était penché vers la terre ; mon sang y ruisselait en abondance, ma vie et ma jeunesse s'obscurcissaient et s'échappaient par toutes mes blessures : et cependant mon âme était calme, et mon cœur se réjouissait de tant souffrir pour toi.

Le Disciple. — Ô douleur ineffable, ô amour admirable, incompréhensible, ô mon Jésus, quand pourrai-je vous aimer comme je le dois et comme je le désire ?

6
GÉMISSEMENTS DU DISCIPLE.

Eh bien, mon âme, rentre en toi-même, chasse au loin toutes les choses extérieures, et renferme-toi dans le silence de ton cœur ; il faut toutes tes forces et tes puissances pour suffire à cette immense douleur et pour sonder ces abîmes de misère où tu es tombée.

Que de mon sein noyé de larmes s'élancent des gémissements et des cris si perçants, qu'ils retentissent à travers les vallées, les montagnes, les eaux, et qu'ils soient entendus dans le ciel par tous les saints du paradis ! Oui, je dirai : Ô vous qui êtes insensible que ne puis-je vous émouvoir par les sanglots de mon cœur et par les flots de mes larmes amères ! que ne puis-je vous faire partager ma douleur en dévoilant les peines qui me consument et me déchirent !

Malheureux que je suis ! Le Père céleste avait créé mon âme au-dessus de tous les êtres corporels, il l'avait ornée de ses dons, il l'avait choisie pour son épouse bien-aimée, et je me suis éloigné de lui, je l'ai perdu. Père, ô amour ! hélas ! hélas ! infortuné que je suis, qu'ai-je fait ? qu'ai-je perdu ? En vous perdant, je me suis perdu moi-même, j'ai perdu l'amitié des anges du ciel, tout bonheur s'est évanoui ; mon âme est restée seule et dépouillée.

Tous ceux qui prétendaient m'aimer m'ont indignement trompé et sont devenus mes bourreaux. Ils m'ont tout ravi en m'ôtant la grâce de mon unique et véritable ami. N'ai-je pas bien raison de pleurer maintenant ? où trouverai-je quelque consolation, quelque secours ? Le monde entier m'a abandonné, et moi j'ai quitté mon Seigneur et mon Dieu ? Comment suis-je tombé dans une si profonde misère ?

Ô jour et heure déplorables de ma chute ! Vous, roses d'amour, lis d'innocence, entendez mes gémissements, et en voyant ma tige desséchée et stérile, comprenez combien fanent vite les fleurs que le monde a touchées. Il faudra donc à l'avenir que ma vie soit une mort, ma joie une tristesse, ma jeunesse une langueur, et cependant tout ce que je puis souffrir n'est rien à comparer à ma faute. Le plus grand de mes tourments, l'enfer de mon pauvre cœur, c'est d'avoir offensé Dieu.

Hélas ! malheureux que je suis, moi que vous aviez prévenu avec tant de bonté, que vous aviez averti avec tant de douceur, que vous aviez traité avec tant de familiarité, j'ai pu mépriser vos grâces et vous oublier ! Ô dureté du cœur humain qui peut commettre de semblables fautes ! ô cœur plus insensible que le rocher, comment n'es-tu pas brisé par la douleur ? Autrefois mon âme était appelée l'épouse bien-aimée du Roi de gloire, elle ne mérite pas maintenant le nom de sa plus vile servante. J'ai honte de lever les yeux au ciel, et ma langue est muette en sa présence.

Ô mon Dieu, comme le monde me pèse, et que je voudrais être au fond d'un bois épais où personne ne me verrait ni m'entendrait ! Là, mon cœur pourrait se soulager par des cris et par des pleurs. Ma seule consolation est dans les gémissements. Ô péché ! ô péché ! où m'as-tu conduit ? Monde trompeur, malheur à qui te sert ! J'ai déjà reçu de toi ma récompense, le prix de mon esclavage ; car je suis odieux à tout le monde, et je me fais horreur à moi-même.

Ô vous qui êtes riches des dons de votre royal Époux, âmes pures et saintes qui évitez nos fautes et qui savez conserver votre première innocence, vous êtes heureuses et bien heureuses ! Vous ne comprenez peut-être pas votre bonheur, parce qu'avec une conscience toujours pure, on ignore le tourment d'un cœur souillé par le péché. Moi, je gémis, je suis inconsolable. Quelles délices je goûtais lorsque j'étais avec vous mon Jésus, mon bien-aimé ! que j'étais joyeux et tranquille ! et je ne connaissais pas mon bonheur. Qui me donnera les moyens d'exprimer toute ma peine ? Oh ! si j'avais l'étendue du ciel, les eaux de la mer, les plantes de la terre pour rendre ce que souffre mon pauvre cœur et les malheurs irréparables que je me suis attirés en offensant l'Époux bien-aimé de mon âme ! Pourquoi donc ai-je reçu le jour ? et que me reste-t-il, sinon les abîmes d'un éternel désespoir ?

7
L'ÉTERNELLE SAGESSE CONSOLE SON DISCIPLE.

La Sagesse. — Pourquoi te désespérer ? Ne suis-je pas venue dans ce monde par amour pour toi, pour te réconcilier avec mon Père, et pour te rendre une gloire plus grande que celle de l'innocence ?

Le Disciple. — Quelle est cette voix qui parle si doucement à mon cœur et qui console mon âme rejetée du ciel et de la terre ?

La Sagesse. — Tu ne me reconnais pas ? Pourquoi tomber dans l'abattement ? L'excès de ta douleur t'égare, mon fils bien-aimé : ne sais-tu pas que je suis la Sagesse du Père, si pleine de tendresse et de bonté ! Oh ! oui, je suis un abîme de miséricorde que les saints, eux-mêmes ne peuvent mesurer, et qui est toujours ouvert pour recevoir tous les cœurs humiliés et contrits. N'ai-je pas déjà souffert pour toi la pauvreté, l'exil, la mort de la Croix ? Et me voici encore pâle et sanglant, avec ce même amour qui m'a placé entre ton âme et les justes rigueurs de mon Père. Je t'appartiens ; je suis ton frère, ton époux, et j'ai oublié tes offenses comme si tu ne les avais jamais commises ; mais à l'avenir, livre-toi tout à moi et ne te sépare jamais de ma volonté.

Relève donc la tête, regarde-moi, prends courage, et purifietoi dans mon sang pour gage de notre réconciliation, prends cet anneau, ce vêtement, cette chaussure, et célébrons d'amoureuses fiançailles ; car en vérité, ton âme sera mon épouse chérie et bien-aimée ; ta douleur m'a séduit, et je n'ai pu résister à tes gémissements : j'ai tant de compassion pour les cœurs affligés ! L'univers entier brûlerait, ses flammes ne dévoreraient pas plus avidement une poignée de paille que mon insatiable miséricorde ne reçoit une âme pénitente.

Le Disciple. — Ô Père miséricordieux, mon doux frère, mon aimable époux, la seule joie de mon cœur, vous voulez donc m'écouter, me pardonner malgré mes bassesses et mon indignité ! Quelle grâce, quelle clémence, quelle miséricorde ! Je vous adore, je vous bénis, je vous remercie, je me prosterne à vos pieds, et je vous offre votre Fils unique, mort pour moi sur la Croix : c'est l'arc-en-ciel de la paix qui vous fera oublier toutes mes iniquités.

Oui, je renais dans les bras de Jésus crucifié ; je me plonge dans ses plaies, j'attache mon âme à son âme, mon cœur à son cœur, afin que, vivant ou mort, je ne sois jamais séparé de ses tendres embrassements. Désormais, plutôt la mort, le purgatoire ou l'enfer, qu'une offense contre mon Seigneur et mon Rédempteur. Que ne puis-je adresser au ciel des gémissements capables de me briser le cœur ! Je voudrais me voir mourir de l'excès de ma douleur, parce que plus vous me pardonnez avec bonté mes péchés, plus je me reproche amèrement de vous avoir offensé, et d'avoir montré tant d'ingratitude envers votre miséricorde infinie.

Quelles actions de grâces vous rendrai-je, ô Sagesse éternelle, ma douceur, ma consolation, pour avoir par vos plaies fermé mes blessures, que nulle créature ne pouvait guérir ? Enseignez-moi du moins la manière de porter dans mon corps les marques de votre amour, afin que le monde entier, que les anges et les saints du ciel sachent bien que je ne suis pas insensible à l'infinie charité qui vous fait secourir un malheureux sans espoir.

La Sagesse. — Si tu es spirituellement crucifié avec moi, tu porteras dans ton corps les signes de mon amour. Donne-moi généreusement tout ton être, tout ce qui t'appartient, sans jamais rien reprendre ; ne touche qu'au strict nécessaire, et alors tes mains seront attachées à la Croix. Fais ce qui est bien avec joie, force et persévérance, et ton pied gauche sera uni au mien. Fixe en moi seul ton âme inconstante, ton cœur volage et tes pensées errantes, et ton pied droit sera crucifié ; prends garde que l'énergie de ton corps et de ton âme ne s'affaiblisse avec le temps, et te laisse retomber dans la nonchalance, et tu auras tes bras étendus sur la Croix, toujours prêts à faire ma volonté. Fatigue ton corps dans les exercices spirituels, en l'honneur de mes jambes défaillantes, et ne lui permets jamais de satisfaire ses désirs.

Les dégoûts, les épreuves, les afflictions qui viendront te surprendre et t'accabler, t'uniront à moi dans les étreintes de ma Passion, et tu revêtiras par l'amour ma douloureuse ressemblance. Ta privation de toutes consolations, tes combats contre la nature me rendront ma vigueur première ; les douleurs de ton corps seront comme un lit de repos pour mes membres fatigués, ta haine contre le péché réjouira mon âme, ta tendresse adoucira mes douleurs, et ta ferveur m'enflammera d'amour.

Le Disciple. — J'attends de vous ces dons, ô Sagesse éternelle, et je soumets ma volonté à votre bon plaisir ; car vous servir est facile, et votre joug est véritablement doux et léger. Ils le savent surtout ceux qui ont déjà porté le joug accablant de l'iniquité.

8
COMBIEN LA TIÉDEUR DE L'ÂME EST DANGEREUSE.

Le Disciple. — Ô mon très-doux Seigneur, combien je suis heureux lorsque je vis avec vous, et combien je suis triste et défaillant lorsque je m'égare loin de vous au milieu des créatures, ne fût-ce qu'un instant ! Je ressemble au jeune faon qui a perdu sa mère et que poursuivent les chasseurs. Il fuit tout tremblant, et ne s'arrête que lorsqu'il est en sûreté dans le lieu secret qui l'a vu naître ; et moi je fuis, je cours vers vous, et je soupire avec ardeur après les eaux vives que vous répandez. Une heure sans vous me paraît une année, un jour sans votre douce intimité me semble une éternité.

Ô mon Jésus, vous êtes pour moi un bel et doux ombrage, un arbrisseau fleuri, un rosier tout chargé de roses délicieuses. Ô Jésus, étendez vers moi les rameaux sacrés de votre divinité et de votre humanité. Votre visage, Seigneur, rayonne la grâce, votre bouche répand des paroles de vie, vos entretiens sont des miroirs de perfection, d'humilité, de mansuétude. Ô bienheureuse contemplation des saints ! oh ! combien j'envie celui que vous favorisez de votre tendresse !

La Sagesse. — Hélas ! beaucoup y sont appelés, mais combien peu sont élus !

Le Disciple. — Est-ce vous, Seigneur, qui les rejetez ? ou bien s'éloignent-ils eux-mêmes de vous ?

La Sagesse. — Regarde cette vision que je te présente, et comprends-en la signification. Voici une ancienne ville fortifiée qui tombe en ruine ; les fossés se comblent, les murailles se fendent, les tours s'écroulent et toutes les maisons se délabrent ; les habitants, qui s'y agitent en grand nombre, ressemblent plutôt à des bêtes qu'à des hommes. Vois maintenant ce pèlerin vénérable qui s'appuie sur son bâton ; il est pauvre, étranger, accablé de fatigue ; il demande l'aumône et cherche qui voudra bien lui donner le vivre et le couvert ; mais il ne trouve partout que des refus grossiers, et il se plaint amèrement en disant : Ô ciel, ô terre, soyez émus de compassion et pleurez avec moi de me voir ainsi traité et renié par ce peuple pour lequel j'ai souffert avec tant d'amour !

Cette ville est la vie religieuse autrefois si pure, si sainte, si puissante, et maintenant presque entièrement tombée et perdue. Les fossés, les murailles, ce sont les fortifications de l'obéissance, de la pauvreté, de la chasteté ; elles sont toutes ouvertes et toutes ruinées ; on n'en voit plus que les traces dans quelques cérémonies, quelques usages et quelques actes extérieurs. Ces habitants méconnaissables, ce sont les chrétiens qui, sous une apparence de sainteté, ont un cœur tout dévoué au monde et aux choses temporelles. Moi, je suis le pèlerin appuyé sur le bâton de la Croix. J'étais autrefois bien aimé, bien honoré ; et maintenant on me chasse, on m'insulte presque partout. La voix de ma Passion s'élève contre ces hommes qui oublient leur vocation et mon amour, qui sont si tièdes, si relâchés ; je ne puis rien en obtenir pour prix de ma mort douloureuse et de mon infinie charité. Quelques-uns cependant vivent saintement, et ceux-là, je les console dans la vie, je les reçois sur mon sein dans la mort ; je les élève et je les glorifie en présence de tous les anges du paradis.

9

QU'IL EST IMPOSSIBLE DE SERVIR À LA FOIS DIEU ET LES CRÉATURES.

Le Disciple. — Seigneur, mon âme est bouleversée lorsqu'elle considère qu'étant si aimable, les hommes pensent si peu à vous, qu'ils vous fuient et qu'ils vous méprisent après tant de bienfaits. Combien y en a-t-il qui semblent vous aimer, et qui ne vous aiment pas, parce qu'ils prétendent allier votre service à l'amour coupable des créatures !

La Sagesse. — Ceux-là bâtissent dans le vide et sur le vent, car il est aussi impossible de m'aimer en aimant les créatures que de renfermer dans un petit vase l'immensité du ciel. Comment peut-on mêler ce qui passe avec l'éternité ? N'est-ce pas folie de vouloir placer le Roi des rois dans l'hôpital des pauvres ou dans la cabane d'un esclave ? Celui qui veut recevoir dans son cœur un hôte si grand doit nécessairement en bannir l'amour de toutes les créatures.

Le Disciple. — Hélas ! combien sont égarés, les malheureux qui ne veulent pas comprendre la vérité de ce que vous dites !

La Sagesse. — Dans les profondes ténèbres où ils sont plongés, ils suent et se tourmentent pour atteindre les plaisirs du monde, qui leur échappent sans cesse et dont ils ne jouissent jamais selon leurs désirs ; ils rencontrent dix contrariétés avant de pouvoir satisfaire une seule fois leurs mauvais penchants, et plus ils obéissent à leurs passions, plus ils éprouvent de tortures et d'ennuis. Leur cœur, séparé de Dieu et en guerre avec lui, devient nécessairement la proie de continuelles terreurs. Leurs joies passagères sont encore mêlées de mille dégoûts et pleines d'amertumes. Le monde est trompeur, infidèle, volage ; s'il fait naître une espérance, c'est pour la détruire sur le champ. Jamais une âme n'a pu trouver dans les créatures cette joie pure, cet amour véritable, cette paix inaltérable qui seraient son repos et son bonheur.

Le Disciple. — Ô mon Jésus, n'est-ce pas une chose lamentable de voir tant de cœurs si aimables et si aimants, tant d'âmes si belles et si pleines de votre image, qui auraient pu partager votre trône et votre puissance pour commander au ciel et à la terre, et qui vivent misérablement privés de votre lumière, et se laissent tomber dans la plus honteuse dégradation ? Ne vaudrait-il pas mieux pour eux mourir de la mort la plus cruelle que de vous perdre, vous qui êtes l'éternelle et véritable vie ? Ô pauvres insensés ! que de malheurs vous entassez sur vos têtes ! que de ruines pour votre âme ! Comme vous perdez ce temps qu'on ne retrouve plus ! Et vous vivez au milieu de ces désastres comme s'ils ne vous regardaient pas.

10
COMBIEN SE TROMPENT LES TIÈDES ET LES MONDAINS.

Le Disciple. — Ô miséricordieuse Sagesse, éclairez ces pauvres ignorants.

La Sagesse. — Ce ne sont pas des ignorants, car à toute heure ils sentent, ils comprennent leurs misères ; mais ils veulent s'en distraire afin de jouir de leurs plaisirs ; ils tâchent d'excuser leurs erreurs : ils s'apercevront qu'ils se sont trompés eux-mêmes, mais il ne sera plus temps. Ô malheur qui étonne et qu'on ne saurait trop plaindre !

Le Disciple. — Ô douce Sagesse, comment expliquer une pareille folie ?

La Sagesse. — C'est qu'ils veulent fuir les fatigues et les croix de mon humanité. Ils pensent mener une vie plus douce et plus joyeuse, et ils tombent dans les angoisses et les tourments ; ils rejettent mon joug, qui est doux ; ils m'abandonnent, moi qui suis le souverain Bien, et ils rencontrent en échange le souverain mal. Ils craignent le brouillard, et ils trouvent la tempête ; par un juste jugement de ma justice, ils vivent accablés sous le poids insupportable de mille misères.

Le Disciple. — Mais quelle ressource auront ces cœurs

égarés, si ce n'est de revenir à vous en gémissant, miséricordieuse Sagesse ?

La Sagesse. — Je suis toujours prête à les éclairer, pourvu qu'ils veuillent sincèrement être éclairés. Je ne manque à personne, si ce n'est à celui qui se manque à lui-même ; je n'abandonne que ceux qui s'abandonnent eux-mêmes.

Le Disciple. — Qu'il est pénible de se séparer de ce qu'on aime !

La Sagesse. — Oui, mais je puis remplacer tout ce qu'on aime.

Le Disciple. — Mais il est bien difficile de quitter des affections et des plaisirs dont on a l'habitude.

La Sagesse. — Il sera plus difficile d'endurer un jour les tourments de l'enfer.

Le Disciple. — Ils sont si tranquilles, qu'ils ne peuvent croire peut-être au malheur qui les menace ?

La Sagesse. — Comment ne sais-tu pas que le péché, par sa nature même, trouble le cœur, bouleverse l'esprit, détruit la paix, la grâce, la pudeur, et fait tomber dans un profond aveuglement qui rend l'âme malheureuse en l'éloignant de Dieu et en la privant de son secours ?

Le Disciple. — Cela est vrai, Seigneur, mais ce sont des âmes tièdes qui se persuadent qu'elles n'ont rien à se reprocher et qu'elles ne courent aucun danger ; elles vivent dans des apparences de religion et pensent que leur amour est spirituel et non terrestre.

La Sagesse. — Une poussière, quoique blanche, n'obscurcit-elle pas le regard aussi bien que la cendre ? Où trouver plus de sainteté et de dévouement que parmi mes Apôtres ? Et cependant il a fallu me séparer d'eux, afin de les mieux disposer à recevoir l'Esprit d'en haut. Combien plus doit nuire la présence des hommes ! en trouvera-t-on un seul qui puisse conduire à Dieu ? La gelée aux premiers jours du printemps ne détruit pas plus rapidement les fleurs naissantes que l'amour fragile des hommes et leurs conversations inutiles n'éteignent la ferveur de la vie religieuse. Où sont maintenant ces couvents qui, comme des vignes fleuries, répandaient, à leur origine, la douce odeur de leurs vertus par tout le monde ? Où sont ces jardins si parfumés, ces paradis terrestres que Dieu aimait à habiter ? Ne sont-ils pas maintenant dépouillés de leurs parures et tout pleins de ronces et d'orties ? Où est l'ardeur des premiers saints ? Où sont leurs larmes, leurs pénitences, leurs contemplations, leur silence, la pauvreté, l'obéissance, la pureté de leur vie ? Mais ce qu'il y a de plus malheureux et de plus irréparable, c'est que la tiédeur est devenue maintenant comme un état naturel. On fait consister la religion et la sainteté dans quelques formes extérieures, dans quelques cérémonies ; et c'est ce qui tue la vie du cœur et la beauté intérieure des âmes. Hélas ! hélas ! que d'heures perdues en pensées vaines, en discours inutiles, en histoires frivoles, en plaisanteries et en fêtes !

Le Disciple. — Ô divine sagesse, que vos paroles sont terribles et capables d'ébranler les cœurs les plus durs ! J'en suis tout épouvanté.

11
COMBIEN LA SAGESSE ÉTERNELLE EST AIMABLE, ET QUELLES DOUCEURS ELLE RÉSERVE AUX ÂMES.

Le Disciple. — Je me rappelle, très-aimable Sagesse, ces douces paroles que vous avez dites dans vos livres saints pour séduire les âmes et les gagner à votre amour : « Venez à moi, vous tous qui me désirez, et vous serez remplis de mes enfantements. Je suis la mère du bel amour. Mon esprit est plus doux que le miel, et ce que je donne est préférable à ses rayons. Le vin et la musique réjouissent le cœur, mais l'amour de la Sagesse le réjouit bien davantage.[*] » Vous vous montrez si aimable et si belle au cœur des hommes que tous devraient s'attacher à vous seule, s'embraser de votre amour et soupirer sans cesse après votre lumière. Vos paroles allument des flammes ; elles sortent de votre bouche avec une telle suavité, une telle douceur, qu'elles blessent les enfants au berceau et qu'elles éteignent toute affection terrestre en ceux qui sont encore à la fleur de leur âge. Aussi, je vous avoue que je désire bien ardemment entendre de vous quelques paroles sur votre ineffable douceur : ô Sagesse ma très-chère épouse, mon unique amie, consolez mon âme, votre pauvre

---

[*] Eccl. XXIV ; — XL.

servante, car je me suis endormi à votre ombre ; mon esprit veille et mon cœur attend.

La Sagesse. — Écoute, ô mon fils, et recueille avidement mes paroles. Je suis par moi-même le Bien suprême, incompréhensible qui a été, qui est et qui sera ; Bien infini, incommunicable, qu'on ne peut jamais comprendre ni expliquer ; et cependant je me communique aux âmes saintes sous des formes sensibles afin de m'accommoder à leur faiblesse. Je me montre sous le voile des paroles et des images, comme l'éclat du soleil qui se montre à travers les nuages ; et en éclairant ainsi ton cœur au milieu des ombres corporelles, je te donne une intelligence supérieure de moi-même et de mon amour.

Revêts-toi donc de moi ; remplis ton âme de toutes les perfections possibles, afin de me recevoir avec honneur et amour, parce que tout ce qu'il y a de beau, d'honnête, de pur, de saint, en toi et dans toutes les âmes du ciel et de la terre, se trouve en moi d'une manière plus excellente et avec une abondance que l'intelligence humaine ne pourra jamais comprendre ; ma naissance est illustre et ma parenté glorieuse, car je suis le Verbe bien-aimé du cœur de mon Père ; je suis infini comme lui, puisqu'il m'a engendré de sa très-pure substance, et je réjouis ses regards dans l'ineffable charité du Saint-Esprit.

Je suis le trône de la félicité parfaite, je suis la couronne de toutes les âmes ; mes yeux sont si resplendissants, ma bouche si délicate, mes joues si blanches et si vermeilles, ma beauté si pleine de grâce et de majesté, que si, pour me voir, tu pouvais brûler dans une fournaise jusqu'au dernier jugement, tu n'aurais pas encore assez payé le bonheur de me contempler un seul instant.

Mon vêtement est d'une laine éblouissante de blancheur ; il est orné des fleurs les plus charmantes que fait naître l'aurore. Le mois de mai le plus riche, le plus agréable, quand on le compare à moi, ne semble offrir que des ronces sauvages ; je suis la source du bonheur, et par ma divinité je cause aux anges des joies d'amour si pures que mille années leur semblent à peine une heure rapide. Toute l'armée céleste me regarde sans cesse avec une admiration nouvelle ; les cœurs des saints se reposent en moi, et toutes les âmes bienheureuses s'y contemplent dans l'extase d'une seule parole, je fais d'une seule parole naître tous les concerts des anges, et je remplis le ciel des mélodies les plus ineffables ; je suis si aimable et si désirable que tous les cœurs devraient se briser d'amour en soupirant après ma lumière et ma beauté.

Je suis la pureté même, toujours présente aux âmes chastes ; je leur parle dès qu'elles m'écoutent, partout, à table, au lit, en voyage. En moi se trouve tout ce qu'on peut désirer, et rien de ce qu'on peut craindre ; car je suis ce Bien infini et sans mélange dont une seule goutte est d'une douceur si puissante, qu'elle fait paraître amères toutes les joies du monde et méprisables tous ses honneurs. Ceux qui me veulent sincèrement dans le silence de l'esprit, loin du trouble causé par les formes et les paroles sensibles, se transforment en moi et se confondent dans mon bon plaisir ; là ils retrouvent ainsi leur principe, et goûtent une liberté sainte, une pureté parfaite et assurée, une conscience calme et sans souillure. Y a-t-il un bonheur plus grand que de vivre dans la joie et de mourir sans crainte ?

12
COMMENT DIEU AIME LES ÂMES D'UNE MANIÈRE PARTICULIÈRE.

Le Disciple. — Ô Bien vraiment incompréhensible ! ô unique amour de mon cœur ! heureux l'instant où l'on jouit de votre lumière et de votre présence ! Mais daignez, je vous en prie, apaiser une crainte qui trouble mon bonheur. Un rival pour l'amour est comme l'eau pour le feu : le cœur n'accepte aucun partage. Comment pouvez-vous m'aimer parfaitement si vous en aimez tant d'autres, et si tant d'autres vous aiment ? Dites-moi ce que je deviendrai, quel sera mon rang ?

La Sagesse. — Je suis l'amour infini qui n'est ni borné par l'unité, ni épuisé par la multitude ; j'aime particulièrement et uniquement chaque âme ; je te chéris, je m'occupe de toi comme si je n'en aimais pas d'autres, comme si tu étais seul au monde.

Le Disciple. — Ô mon Jésus ! que dites-vous ? où suis-je ? qui ravit ainsi mon cœur ? « Mon âme s'est fondue, parce que son bien-aimé lui a parlé. Détournez vos yeux de moi parce qu'ils me font évanouir.* » Quel cœur de glace ne s'attendrirait et ne s'enflammerait à de si délicieuses paroles ? Oui, heureuse l'âme qui

---

* Cant. V, 6 ; VI, 4.

devient votre épouse, votre bien-aimée ! De quelles consolations célestes, de quelles douceurs vous la comblez ! par combien de faveurs secrètes et de caresses vous lui témoignez votre amour ! Sainte Agnès l'exprimait lorsqu'elle disait, dans sa naïveté virginale : « C'est son sang qui orne mes joues. »

Allons, mon cœur, plus de nonchalance ; il faut contempler, gémir, soupirer, tâcher de goûter au moins une fois cet amour avant de mourir. Quelle folie que la tienne, d'être paresseux et indifférent pour le Bien suprême, pour le Bien souverainement aimable qui apaise tous les besoins et satisfait tous les désirs ! Que veux-tu faire de ce monde frivole et trompeur ? Peut-on comparer l'amour grossier des créatures avec l'amour si pur du Créateur ?

Éloignez-vous de moi, pauvres partisans du monde ; qu'aucun de vous ne m'approche et ne me regarde, parce que j'ai choisi la divine Sagesse pour la bien-aimée de mon cœur, et je lui ai donné mon âme, mes facultés, mes pensées, mes affections, mes sens, mon corps, mon cœur, toutes mes forces. Oh ! si je pouvais, ô mon Jésus, vous écrire en lettres d'or dans le fond de mon cœur ! si je pouvais vous faire pénétrer toutes les fibres de mon âme de telle sorte que ni le temps ni l'éternité ne pussent effacer mon ouvrage ! Ah ! Jésus, faites-moi donc mourir d'amour, afin que je ne sois jamais séparé de vous, qui êtes tout mon bien.

13
COMMENT LA DIVINE SAGESSE EST À LA FOIS AIMABLE ET TERRIBLE ; COMBIEN SES VOIES SONT CACHÉES.

Le Disciple. — Ô Sagesse éternelle ! Ô vous qui êtes si douce et si aimable, comment êtes-vous si sévère et si terrible ? d'où vient cette lumière qui plaît et qui effraie ? Lorsque je vois les rigueurs de votre justice, je tremble de tous mes membres, et je dis en soupirant : Malheur à qui vous offense ! car vous exercez en secret votre justice, même envers vos plus chers amis, et vos jugements sont sans appel. Que votre visage est terrible ! on dirait un ciel noir et plein d'orages, dont les tonnerres et les feux vont bouleverser le monde. Qu'est donc devenue votre patiente miséricorde ? Votre colère est plus à craindre que les flammes de l'enfer. Comment dire que vous êtes aimable, si vous nous glacez d'épouvante ?

La Sagesse. — Je suis fidèle, et je ne change jamais ; c'est vous qui changez, puisque vous vous présentez tantôt avec une conscience pure, tantôt avec un cœur souillé par le péché. De ma nature, je suis l'ami des âmes, mais je suis juste aussi, et je sais me faire craindre en châtiant sévèrement les pécheurs. Le but de ma sagesse, en demandant à ceux que j'aime une crainte chaste et filiale, un amour tendre et sincère, n'est-il pas de leur inspirer l'horreur du péché et de les unir à moi par des liens indissolubles ?

Le Disciple. — Cela est vrai, Seigneur, et vous m'expliquez le plan de votre divine providence mais ce qui m'étonne encore, c'est qu'une âme qui brûle de votre amour et qui soupire après les douceurs de votre présence, ne vous trouve pas et n'obtient pas de vous une seule parole. Pourquoi, quand on vous aime, fuir et vous taire de la sorte ?

La Sagesse. — Toutes les créatures ne parlent-elles pas, ne répondent-elles pas pour moi ?

Le Disciple. — Mais cela suffit-il à l'amour ?

La Sagesse. — Tout ce que j'ai dit sur terre de tendre et d'aimable doit suffire aux âmes qui me cherchent : les saintes Écritures ne font-elles pas connaître tout mon amour ?

Le Disciple. — Mais, Seigneur, que sont vos paroles et vos Écritures quand on désire votre présence ? Lire les lettres d'un ami et recevoir de ses nouvelles, n'est pas le posséder. Et vous, mon Jésus, vous êtes un ami si doux, si beau, si divin, si incompréhensible, que tous les anges me parleraient de vous sans pouvoir apaiser mon cœur et l'empêcher de soupirer après votre présence. Ne m'êtes-vous pas plus cher que le ciel tout entier ? Où est la fidélité de votre amour ? L'épouse dont vous avez ravi le cœur vous attend ; elle vous désire, elle gémit, elle soupire, elle se meurt du besoin de votre présence ; elle vous crie du fond de son cœur : « Revenez ! revenez !* » Elle dit à ses compagnes : Répondez, je vous en conjure, ne l'avez-vous pas trouvé ? Viendra-t-il, ne viendra-t-il pas ? Le possèderai-je enfin dans mon cœur, ou restera t-il éloigné pour me faire mourir ? Seigneur, vous entendez les gémissements et les cris de l'âme qui vous aime, et vous gardez le silence.

La Sagesse. — Oui, je les entends, et avec délices. Mais, dis-

---

* Cant. VI, 12.

moi, puisque tu t'étonnes de mon silence, quelle est la plus grande jouissance que puisse ressentir l'ange le plus élevé du paradis ?

Le Disciple. — Seigneur, je ne le sais pas ; dites-le-moi vous-même.

La Sagesse. — La plus grande jouissance que puisse ressentir l'ange le plus élevé du paradis, est de soumettre toute chose à ma volonté ; et si ma volonté est de lui faire arracher de mauvaises herbes et des orties dans un champ, il l'accomplira de tout son cœur et avec un plaisir infini.

Le Disciple. — Je vous comprends, ô mon Jésus, vous voulez m'apprendre que le véritable amour doit entièrement s'abandonner à la volonté de l'objet aimé ; et que, selon sa décision, le doux doit lui plaire autant que l'amer, la ferveur et les consolations autant que la sécheresse et l'abandon.

La Sagesse. — Oui, certainement. La plus parfaite soumission d'une âme est celle qu'elle montre dans la privation de toute faveur et dans l'abnégation complète d'elle-même.

Le Disciple. — Cela est bien difficile.

La Sagesse. — Mais où s'éprouve la vertu, si ce n'est dans les choses contraires ? Tu dois savoir aussi que bien souvent, lorsque je visite les âmes, je me trouve indignement repoussé et traité comme un étranger. Quant aux âmes qui m'aiment, non-seulement je viens en elles avec l'effusion de la tendresse, mais j'y reste, j'y habite, j'y fixe ma demeure secrète ; et personne ne s'en aperçoit, excepté le petit nombre qui vit solitaire, éloigné des choses de ce monde, et le cœur tourné vers moi pour connaître mes désirs et les suivre.

14

QUELS SONT LES SIGNES DE LA PRÉSENCE DE DIEU.

Le Disciple. — Seigneur, je vois que vous êtes un ami secret et mystérieux. Mais, dites-moi, quels sont les signes de votre présence ? comment pourrai-je la reconnaître ?

La Sagesse. — Tu ne pourras jamais mieux reconnaître et apprécier ma présence qu'au moment où je me cache, où je me retire de l'âme qui m'appartient. C'est alors que tu sauras par expérience ce que je suis et ce que tu es : on connaît le soleil par ses rayons, dont on ne peut contempler le foyer. Je suis le Bien suprême, éternel, sans lequel tu ne serais pas, sans lequel rien de bon n'existerait. Je rayonne et je me communique aux créatures, et je les revêts de bonté. Ce sont mes dons qui révèlent ma présence ; mais moi, je ne me montre jamais à découvert. Rentre en toi-même, et distingue les roses des épines, les fleurs de l'herbe des champs. Aime la vertu et déteste le vice ; connais-moi et connais-toi, tu auras alors des signes certains de ma présence cachée.

Le Disciple. — Très-doux Jésus, je remarque en moi une grande diversité d'existence. Quand vous m'abandonnez, je deviens comme un malade à qui rien ne plaît, à qui tout répugne : mon corps est faible et engourdi, mon âme est pesante ; à l'intérieur, je suis dans l'aridité ; à l'extérieur, dans la tristesse ; tout ce que je vois, tout ce que j'entends me déplaît, et cela sans raison. Je me sens porté au mal, faible contre l'ennemi, et sans énergie pour le bien ; enfin je suis comme une maison bouleversée par l'absence du père de famille.

Mais lorsque votre lumière brille dans mon âme comme une étoile divine, l'obscurité disparaît. La douleur m'abandonne, mon cœur sourit, mon esprit s'élève, et mon âme trouve en tout sa joie et son bonheur ; tout ce qui m'arrive au dedans et au dehors se change en actions de grâces. Ce qui me semblait d'abord dur, désagréable, me devient tout à coup doux et facile. Les jeûnes, les veilles, les épreuves de la vie, dès que vous êtes présent, me paraissent des plaisirs. Dans cet état j'éprouve une grande confiance et une ardeur généreuse, que je ne ressens jamais lorsque je suis seul, et abandonné.

Mon âme déborde pour ainsi dire de clartés, de vérités lumineuses ; mon cœur se remplit de douces méditations, ma langue s'exprime avec chaleur, mon corps ne craint aucune fatigue, et tous ceux qui m'approchent et me parlent s'en vont éclairés et contents. Enfin, il me semble que j'ai triomphé du temps et de l'espace, et que j'habite déjà les parvis de la Jérusalem céleste. Oh ! que je serais heureux si cet état pouvait durer ! Mais, hélas ! ma félicité disparaît tout à coup ; je retombe dans ma nudité, dans mon aridité première ; ma tristesse s'accroît des regrets de mon bonheur perdu, et il faut bien du temps, bien des larmes, bien des soupirs avant de revenir à mes délices. Quelles alternatives, Seigneur ! Où en est la cause ? Est-elle en vous ou en moi ?

La Sagesse. — Tu n'as en toi que des vices et des défauts ; je suis, et tu n'es pas : c'est là ce qui entretient l'amour. Tant que celui qui aime possède son ami, il n'en comprend pas bien la douceur ; mais lorsque cet ami s'éloigne, il apprécie le charme de sa présence.

15

POURQUOI ON NE PEUT PAS TOUJOURS JOUIR DE LA PRÉSENCE DE DIEU.

Le Disciple. — Seigneur, cette loi de votre amour est bien dure. Dites-moi, je vous prie, si parmi vos serviteurs, quelques-uns vivent sans ces alternatives de fuite et de retour, de présence et d'absence.

La Sagesse. — Il y en a bien peu parce que jouir de ma présence sans aucune interruption, c'est la vie de la patrie, et non celle de l'exil.

Le Disciple. — Mais enfin, puisqu'il y en a quelques-uns, qui sont-ils ?

La Sagesse. — Ce sont les âmes pures qui appartiennent à l'éternité et qui vivent avec Dieu libres de toute créature, et parfaitement transformées en lui.

Le Disciple. — Très-doux Jésus, enseignez-moi donc comment je dois agir avec vous pour arriver, autant que le permettra ma faiblesse, à cet état de pureté et d'union.

La Sagesse. — Dans le temps de l'affliction, rappelle-toi mes consolations, et quand je te consolerai, n'oublie pas les épreuves que je t'ai fait supporter. C'est le moyen de ne pas t'enorgueillir lorsque tu jouiras de ma grâce, et de ne pas te laisser abattre lorsque tu seras dans l'affliction ; et si, à cause de ta fragilité, tu ne te sens pas la force de renoncer à mes douceurs spirituelles, attends-les avec patience et recherche-moi avec amour.

Le Disciple. — Seigneur, l'espérance qui attend trop longtemps est un véritable tourment.

La Sagesse. — Mon fils, celui qui veut aimer ici-bas a besoin de jouir de ce qu'il aime et d'en être privé tour à tour, de passer de la joie à la tristesse, et de comparer le bien avec le mal. Ne crois pas qu'il suffise de penser à moi une heure par jour seulement. Celui qui veut entendre intérieurement mes douces paroles, et comprendre les secrets et les mystères de ma Sagesse, doit toujours être avec moi, toujours penser à moi.

Pourquoi être si distrait de ma présence, puisque je ne le suis jamais de la tienne ? Je tiens sans cesse mes yeux attachés sur ton âme ; pourquoi ton cœur m'abandonne-t-il souvent pour errer dans des pensées étrangères ? Comment recevoir mes inspirations et écouter les confidences de mon amour au milieu de tant d'images vaines et de ces choses auxquelles il faudrait d'abord mourir ? Tu m'oublies, moi, le Bien unique suprême, éternel, lors même que tu es tout inondé de ma divine présence. N'est-il pas honteux d'avoir en soi le règne de Dieu, et d'en sortir pour s'occuper des créatures ?

Le Disciple. — Et quel est. Seigneur, ce règne de Dieu qui est au dedans de moi-même ?

La Sagesse. — La justice, la sainteté, la paix, la joie dans l'Esprit saint.

Le Disciple. — Mon Jésus, je comprends vos paroles, et je vois que vous avez pour l'âme des voies secrètes et cachées que vous la retirez d'elle-même ; peu à peu pour la soutenir et la porter à aimer et à connaître votre divinité ; et c'est ainsi que l'âme, en méditant votre seule humanité, commence à entrer dans l'abîme de votre Majesté.

16
COMBIEN LES HOMMES ONT TORT DE SE PLAINDRE DES CROIX ET DES DIFFICULTÉS QU'ILS RENCONTRENT DANS LES VOIES DE DIEU.

Le Disciple. — Seigneur, daignez répondre aux plaintes de ceux qui disent : L'amour de Dieu est véritablement d'une douceur extrême, mais ne le paie-t-on pas bien cher ? Pour le goûter, il faut supporter des croix, des épreuves cruelles ; il faut endurer la haine, les persécutions et les mépris du monde. Dès qu'une âme veut entrer dans les voies de l'esprit et de l'amour, elle doit se préparer à toutes sortes de peines. Peut-on, Seigneur, trouver de la douceur dans ces afflictions, et comment permettez-vous qu'elles arrivent à vos amis ?

La Sagesse. — Je n'ai jamais autrement traité mes serviteurs et mes amis depuis le commencement du monde. Je les aime comme mon Père m'a aimé[*].

Le Disciple. — C'est de cela que les hommes se plaignent, Seigneur ; ils disent qu'il n'est pas étonnant que vous ayez si peu d'amis. Beaucoup commencent à vous aimer, mais lorsque viennent les épreuves, les afflictions, les croix, ils se repentent de s'être donnés à votre service, et ils retournent à leurs anciennes

---

[*] Jean XV, 9.

affections, qu'ils vous avaient d'abord sacrifiées : n'est-ce pas une chose triste et déplorable ? mais que leur répondre, ô mon Jésus ?

La Sagesse. — Pour se plaindre de la sorte, il faut avoir bien peu de foi, de courage et d'intelligence de la vie spirituelle. Mais toi, mon ami sors de la fange des plaisirs matériels, et regarde avec les yeux de ton âme qui tu es, où tu es, où tu vas ; et alors tu comprendras qu'en affligeant mes amis je suis loin de leur nuire, mais que je leur suis au contraire très-agréable et très-utile.

Par nature, tu es un miroir de la Divinité, une image de la sainte Trinité, un reflet de l'éternité : il a en toi un désir sans bornes que je puis seul satisfaire parce que je suis le seul bien infini ; et de même qu'une goutte d'eau disparaît dans l'Océan, tout ce que peut te donner le monde n'est rien pour ton cœur insatiable, tant que tu seras dans cette vallée de misère, où le bien est toujours mêlé au mal, le rire proche des larmes et la joie voisine de la tristesse.

Personne ici-bas ne peut jouir d'une paix parfaite ; le monde est faux et menteur, il promet beaucoup, et tient peu ; ses joies sont petites, frivoles et passagères. Aujourd'hui, il paraîtra t'offrir des consolations, et demain il t'accablera de douleur : ce sont là ses plaisirs. Considère d'un côté les remords, le désespoir, les frayeurs mortelles et les tourments des damnés, et de l'autre la tranquillité d'esprit, la mort paisible et la gloire éternelle de mes serviteurs, et tu verras si c'est à tort que se plaignent les hommes du monde.

17

QUELLES SONT LES MISÈRES DE CEUX QUI SUIVENT LE MONDE.

La Sagesse. — Examine avec moi les misères qu'endurent ceux qui, pendant cette vie passagère, s'adonnent aux jouissances du corps et des sens. À quoi leur servent les joies temporelles, qui disparaissent comme si elles n'avaient jamais existé ? Oh ! combien est court un bonheur qui doit être suivi d'une douleur sans fin ! Insensés, où est maintenant cet appel au plaisir lorsque vous disiez : Accourez jeunes gens dont le cœur est toujours joyeux, oublions tous chagrins, livrons-nous aux délices du monde ; à nous les fleurs, les roses, la verdure, les festins, la volupté des sens et de la chair ? Dites ce qui vous en est resté.

Ne pouvez-vous pas maintenant vous écrier : Malheur à nous ! n'aurait-il pas mieux valu que nous ne fussions pas nés ? Ô temps misérable et passager, comme la mort nous a surpris à l'improviste ! comme le monde nous a joués, nous a indignement trompés !

Oh ! oui, toutes les croix les plus longues et les plus douloureuses de la vie ne sont rien en comparaison de ce que nous souffrons. Bienheureux celui qui n'a jamais goûté les joies du monde, qui n'a jamais eu un jour tranquille et prospère ! Nous étions fous lorsque nous nous imaginions que les affligés étaient abandonnés de Dieu ; les voilà qui reposent dans le sein de son éternité, tout couronnés de gloire et d'honneur, au milieu des anges du paradis. Que leur importent les croix qu'ils ont souffertes pendant leur vie, les mépris et les persécutions du monde, puisque tous leurs tourments se sont changés en un bonheur si parfait, en des joies éternelles !

Ô douleur, ô malheur infini, ô fin qui ne finit pas, ô mort plus cruelle que toute mort ! toujours mourir, et ne pouvoir jamais mourir ! Adieu, mon père, adieu, ma mère, adieu, mes amis, je ne jouirai plus de vous. Ô séparation terrible, comme elle torture, comme elle déchire ! Ô grincement de dents, ô larmes, ô gémissements que rien n'arrêtera ! Montagnes, collines, rochers, pourquoi n'ensevelissez-vous pas sous vos ruines les victimes de tant de misère ! Ô temps qui passe, combien vous aveuglez les cœurs ! Voilà donc à quoi me sert d'avoir passé ma jeunesse dans les jouissances de la chair et les plaisirs des sens ! Ô vie perdue, malheur incompréhensible ! plus même une lueur d'espérance !

Le Disciple. — Ô Seigneur, juge très-juste et très-sévère, mon cœur est glacé d'épouvante, et mon âme m'abandonne à la vue d'une si grande infortune. Qui serait assez insensible pour ne pas trembler en présence de tourments si horribles ? Je ne puis me faire à la seule pensée d'une âme séparée de Dieu. Ô peine au-dessus de toutes les peines, mal infini, incompréhensible ! Ô mon Jésus, mon unique amour, ne m'abandonnez pas, mais traitez-moi pendant cette vie comme il vous plaira, envoyez-moi toutes les croix que vous voudrez. Me voici soumis en tout à votre volonté ; je ne vous demande qu'une chose, c'est que vous ne permettiez jamais que je perde votre grâce par le péché.

18

DE LA GLOIRE DES JUSTES.

La Sagesse. — Mon fils, ne crains rien, parce que celui qui est avec moi ne peut périr. Lève les yeux au ciel, et contemple cet éclat, cette lumière que je destine à ceux qui auront été ici-bas affligés, persécutés et crucifiés pour l'amour de moi. Cette cité bienheureuse est toute resplendissante d'or, de pierreries, de cristal, et tout embaumée des lis, des roses et des fleurs d'un éternel printemps. C'est là que sont placés les trônes brillants d'où furent chassés les anges rebelles. Je les destine aux âmes affligées, mes épouses bien-aimées.

Les saints qui y règnent déjà sont pour toi pleins de tendresse ; ils t'attendent avec impatience, ils soupirent après ta présence et ils te recommandent sans cesse à Dieu. Ils se réjouissent de tes croix, et ils tressaillent de bonheur lorsque tu les supportes courageusement à leur exemple. Comme ils se glorifient maintenant de leurs cicatrices ! et comme ils se rappellent avec joie les blessures sanglantes qu'ils ont reçues pendant la vie par amour pour moi ! Ils se plaisent à te voir aussi au milieu des peines, des épreuves et de l'abandon, toujours fort et victorieux. Sois persuadé qu'ils t'aiment plus que le père et la mère qui t'ont donné la vie. La charité des saints surpasse toutes les affections de la famille. Oh ! combien est douce la compagnie des saints !

Heureuse l'âme prédestinée pour la gloire ! La dot et les parures que je donne à mes bien-aimées dans le ciel, c'est de contempler à découvert toutes les choses que révélait la foi, que promettait l'espérance ; c'est de posséder en paix avec assurance ce que vous faites si bien d'aimer. L'auréole, la couronne particulière que je leur destine est la joie de leurs œuvres et de leurs peines. Je les environne d'une gloire qui est la lumière de ma pure essence et la profondeur impénétrable de ma divinité. Elles y sont plongées comme dans un océan de douceur. Elles se fondent en moi par l'amour ; elles se transforment tellement en moi, qu'elles ne peuvent plus vouloir que ce que je veux ; enfin, elles sont heureuses par grâce, comme Dieu l'est par nature.

Oublie donc un peu tes afflictions et tes croix ; médite dans un religieux silence ces ombres, ces nuages obscurs du paradis ; et en voyant la gloire et l'allégresse des saints, que ton âme fortifiée se dise : Qu'est devenue maintenant cette confusion qui accablait leur chaste cœur ? Leur tête n'est plus humblement baissée, leurs yeux ne sont plus attachés à la terre. Où sont ces déchirements de leur âme, ces gémissements, ces larmes amères, cette pâleur de visage, cette pauvreté si pesante, ce sang, ces blessures, ces morsures de la haine, ces tristesses intérieures et ces privations de tous secours qui leur faisaient pousser ce cri de la douleur : « Mon Dieu, mon Dieu pourquoi m'avez-vous abandonné ? » Ô bienheureux, voilà donc toutes vos peines, vos dégoûts, vos souffrances et vos croix qui se sont évanouis en un instant ! Vous n'aurez plus besoin de vous cacher dans les déserts, dans les cavernes, dans des cellules étroites, pour fuir la malice du monde ; vous jouirez éternellement de la béatitude des saints, et dans la joie de votre triomphe vous chanterez à Dieu ce beau cantique : « Bénédiction, clarté, sagesse, action de grâces, honneur, vertu et force à notre Dieu pendant la suite de tous les siècles !* »

Rappelle-toi souvent, mon fils, cette gloire des saints qui t'ont précédé, et tu oublieras tes douleurs, tu ne désespéreras plus de ton salut. Par la manière dont je traite mes serviteurs et mes amis, comprends la différence qu'il y a entre mon amitié et celle du monde. Le monde a aussi ses ennuis et ses tourments ; mais quand même ses amis seraient assez aveugles et assez enivrés pour ne pas s'en apercevoir, il est certain qu'en vertu de ma justice éternelle, tout homme qui suit ses voies déréglées se fait son propre bourreau ; il meurt dans le désespoir et devient la proie des flammes de l'enfer. Mes amis, au contraire, souffrent, il est vrai, des épreuves et des croix nombreuses, mais ils vivent joyeux dans l'espérance de la gloire ; ils jouissent de la paix du cœur et de la tranquillité de l'esprit, et sont plus heureux au milieu de leurs afflictions que les mondains avec leur fausse paix et tous leurs plaisirs.

Le Disciple. — Ah ! Seigneur, me voici prêt à supporter toutes sortes de peines puisque vos croix sont les preuves de votre amour et qu'il n'y a d'heureux que ceux qui partagent vos douleurs et votre Passion. Que maintenant les partisans du monde se taisent, et que les tièdes ne disent plus que vous traitez mal vos amis. Qu'ils admirent comme moi l'infinie bonté avec laquelle vous conduisez ceux que vous aimez par la voie des souffrances, et qu'ils comprennent enfin combien est à plaindre celui que vous n'éprouvez pas pendant sa vie mortelle.

---

* Apoc. V, 13.

19
POURQUOI DIEU SE RÉJOUIT DES SOUFFRANCES DE SES SERVITEURS.

Le Disciple. — Puisque les croix et les afflictions sont si profitables à la gloire des saints, dites-moi, ô Sagesse éternelle, quelles sont celles qui vous plaisent davantage dans vos amis, afin que je les désire, que je les cherche et les supporte avec allégresse comme des trésors sortis de vos mains paternelles.

La Sagesse. — Toutes les croix et les afflictions me plaisent, quelle que soit leur origine, qu'elles viennent de la nature, comme la maladie ; ou de la volonté, comme les pénitences ; ou de la violence, comme les persécutions, pourvu que l'âme qui les souffre les rapporte à mon honneur et à ma louange, et qu'elle ne désire en être délivrée que selon mon bon plaisir : plus une croix est supportée avec joie et amour, plus elle m'est chère et précieuse.

Écoute la raison qui me fait éprouver mes serviteurs en tant de manières, et grave bien ce que je vais te dire au fond de ton cœur. Je demeure et j'habite dans une âme comme dans un paradis de délices, et je ne puis permettre qu'elle se plaise hors de moi, qu'elle s'affectionne aux créatures ; et parce que je veux la posséder chaste et pure, je l'entoure d'épines et je l'enferme, dans l'adversité, afin qu'elle ne puisse pas s'échapper de mes mains. Je sème son chemin d'angoisses et de douleurs, afin qu'elle ne puisse se reposer dans les choses basses et créées, et qu'elle place tout son bonheur dans les profondeurs de ma divinité.

La récompense que je donne à ces âmes pour la moindre affliction supportée est si grande, que tous les cœurs des mondains réunis en seraient accablés ; le chemin de la Croix n'est pas nouveau, il a toujours existé ; j'ai voulu que dans la nature, les choses rares et sublimes fussent difficiles, et que la vertu demandât beaucoup de sueur et de fatigue. Si ce chemin ne plaît point à l'âme, si elle veut, en l'abandonnant, s'éloigner de moi, qu'elle parte ; je l'ai créée libre, et je ne veux pas la forcer. Hélas ! la parole de mon Évangile est trop vraie : Beaucoup d'appelés, mais peu d'élus.

Le Disciple. — Seigneur, je reconnais que vos croix sont les moyens de votre Sagesse et les gages de votre éternité ; mais du moins qu'elles ne soient pas trop pesantes et trop au-dessus des forces humaines. Vous connaissez toutes choses, Seigneur, puisque c'est vous qui en avez réglé le nombre, le poids et la mesure, et vous savez bien que mes peines sont véritablement accablantes. Je ne crois pas que personne au monde soit tant éprouvé que moi : comment voulez-vous que j'y résiste ? Si c'étaient des croix ordinaires, je les supporterais facilement, avec patience mais ce sont des croix si nouvelles, si extraordinaires que mon âme en est brisée.

La Sagesse. — Un homme malade pense toujours, au milieu de ses douleurs qu'il n'y a pas de souffrances comparables à la sienne et chaque pauvre s'imagine que rien n'égale sa misère. Si je t'envoyais d'autres croix, tu tiendrais le même langage. Du courage donc, et montre-toi fort et généreux. Résigne-toi complètement à ma volonté ; accepte avec patience toutes les croix qu'il me plaira de t'envoyer, et n'en repousse jamais aucune ; tu sais que je veux toujours ton bien, et que je connais parfaitement dans ma Sagesse ce qui te convient davantage. L'expérience a déjà dû t'apprendre que toutes les croix que je t'envoie, quelles qu'elles soient, t'élèvent, t'unissent plus intimement, plus fermement à ma Divinité, que toutes les croix volontaires que tu peux choisir.

Le Disciple. — Mais, Seigneur, il est bien facile de dire qu'il faut souffrir et supporter avec résignation toutes les croix ; le difficile est de réussir, et l'affliction qui m'accable est si grande que je crains de succomber.

La Sagesse. — Si l'affliction n'était pas pénible, serait-elle une affliction ? Ce qu'il y a de bon et de désirable dans la Croix, c'est de pouvoir la supporter avec courage : qu'y a-t-il d'étonnant que la Croix te pèse, si tu ne l'aimes pas ? Aime-la, et tu la porteras facilement ; la croix qu'on aime et qu'on désire par amour pour moi devient moins lourde et se fait sentir à peine. Si tu étais inondé de consolations et de douceurs spirituelles, si les faveurs du Ciel t'embrasaient d'amour, tu gagnerais bien moins qu'en souffrant les sécheresses et les épreuves que je t'envoie. Par ces peines qui t'accablent, tu deviens l'objet de ma tendresse, et tu acquiers des droits à une magnifique récompense.

Vis donc en paix avec cette conviction que, sous la Croix, tu ne te perdras jamais. Dix âmes qui jouissent des délices de la grâce tomberont plutôt dans le péché qu'une seule âme qui est dans l'affliction. L'ennemi n'a aucune force contre celles qui gémissent amoureusement sous la Croix. Quand même tu serais le premier docteur du monde, et le plus savant théologien de mon Église ; quand même tu parlerais de Dieu avec la langue des anges, tu serais moins saint et moins aimable pour moi qu'une âme qui vit soumise à mes croix.

J'accorde mes grâces aux bons et aux méchants, mais je réserve mes croix aux élus, aux prédestinés. Examine et compare avec sagesse le temps et l'éternité ; tu comprendras qu'il vaut mieux brûler cent ans dans une fournaise ardente que d'être privé de la plus petite croix que je pourrais et voudrais donner. N'est-ce point une récompense infinie qu'on acquiert en supportant généreusement les afflictions ?

Le Disciple. — Ô mon très-doux Jésus, vos paroles sont comme une musique délicieuse pour les âmes affligées, et si j'en entendais souvent de semblables, je vivrais plus joyeux, plus libre et plus courageux dans les croix que vous m'envoyez.

La Sagesse. — Écoute maintenant, mon fils, les sons harmonieux de l'affliction, la mélodie des cœurs éprouvés et les cantiques des âmes souffrantes ; tu verras combien ils sont d'accord avec moi. Le monde fuit les afflictions et méprise ceux qui les supportent ; moi, je les bénis et je les couronne. Les affligés sont mes amis les plus chers, les plus aimables, les plus semblables à ma Divinité.

L'affliction éloigne l'homme du monde et le rapproche du Ciel. Plus les amis de la terre l'abandonnent, plus ma grâce augmente, l'élève et le rend divin. De la Croix découlent l'humilité, la pureté de conscience, la ferveur de l'esprit, la paix, la tranquillité de l'âme, la sagesse, le recueillement, la charité et tous les biens qu'elle produit. La Croix est un don si précieux, que si tu restais des années prosterné par terre pour me demander la grâce de souffrir, tu ne serais pas encore digne de l'obtenir. L'affliction est un trésor pour les pécheurs, les pénitents, les commençants et les parfaits. C'est un purgatoire d'amour qui purifie l'âme du péché et en détruit le châtiment. Donne-moi un affligé qui loue et bénit Dieu dans ses peines, et l'enfer fuira devant lui tout épouvanté.

La Croix possède une telle force, une telle puissance, que, bon gré mal gré, elle attire et ravit celui qui la porte. Oh ! combien seraient damnés si je ne les avais pas crucifiés ! Il est plus grand de conserver la patience dans les choses contraires que de ressusciter les morts. La patience est une hostie vivante, l'odeur d'un parfum délicieux en la présence de ma divine Majesté ; c'est un sacrifice si nécessaire à la gloire de l'âme que je tirerais des croix et des épreuves du néant plutôt que d'en priver mes plus chers amis. Il est vrai que le chemin de la Croix est étroit et fatigant ; mais il conduit ceux qui le suivent aux portes du ciel, à la gloire des saints, au triomphe des martyrs ; et alors les affligés, dans l'allégresse de leur victoire, chantent à Dieu un cantique nouveau, que ne peuvent redire les anges, puisqu'ils n'ont jamais porté la Croix.

Le Disciple. — Je vois bien, Seigneur, que vous êtes la Sagesse éternelle, puisque vous faites luire votre vérité dans mon âme avec une telle clarté, qu'il n'y reste plus aucun doute. Aussi, c'est du plus profond de mon cœur que je vous loue, que je vous bénis de toutes les croix passées et présentes que vous m'avez envoyées dans votre tendresse, pour mon plus grand bien.

20
LA MÉDITATION DE LA PASSION DE JÉSUS-CHRIST PROCURE DE GRANDS BIENS ; ET COMMENT IL FAUT S'Y LIVRER.

Le Disciple. — Je ne pourrai jamais exprimer, ô très-doux Jésus, combien votre très-sainte et très-aimable Passion m'a consolé dans mes afflictions et mes angoisses. Je me souviens qu'un jour, étant triste, abandonné, privé de toute consolation intérieure, et, dans une telle sécheresse, que je ne pouvais ni lire, ni prier, ni méditer, ni étudier, je me retirai dans un coin de ma cellule, et que, joignant les mains sur ma poitrine, je pris la résolution de ne plus sortir, puisque je ne pouvais faire autre chose pour l'honneur et la gloire de votre saint nom.

Alors j'entendis votre voix qui me disait : Lève-toi mon ami, regarde-moi crucifié, pense à tout ce que j'ai souffert pour toi, et tu oublieras tes afflictions. Et je me suis levé, j'ai médité et j'ai pleuré devant vous, et je me suis trouvé délivré de toutes mes peines et de toutes mes sécheresses. Je me disais que Paul, votre glorieux apôtre, avait bien raison de préférer la science de la Croix à la vision sublime qu'il eut de vos mystères, lorsqu'il s'écriait : « Je ne veux savoir autre chose que Jésus-Christ, et Jésus-Christ crucifié.* »

Et après lui, saint Bernard disait à ses religieux dans son doux langage : « Mes frères bien-aimés, aimez la Passion de Jésus-Christ. Quand je me suis converti, au lieu des mérites que je n'avais pas, je me suis fait un bouquet de toutes les souffrances de mon Rédempteur, et je l'ai toujours porté dans mon âme afin de méditer son crucifiement. Ces souvenirs douloureux de sa mort me semblent la vraie sagesse du cœur ; et c'est là que je trouve la perfection de la sainteté, la plénitude de la science, les trésors du salut, l'abondance des mérites, le calice de la paix, le baume de la consolation, la constance et l'égalité de toutes les choses heureuses ou contraires. Méditer la Passion, c'est acquitter mes péchés, gagner mon juge, apaiser mon esprit. Quand je regarde la Croix, je marche en assurance à travers tous les maux de cet exil. Je ne demande pas, comme l'Épouse des cantiques, où repose celui que j'aime puisque je le porte dans mon cœur ; où il prend sa nourriture à midi, puisque je le contemple toujours sur la Croix. Oui, ma plus grande philosophie est de savoir Jésus, et Jésus crucifié. »

Mais, ô mon Jésus, rappelez-vous ma plainte ordinaire. Je n'ai rien tant à cœur que votre Passion ; je désire la méditer sans cesse, et la pleurer avec des larmes amères, et cependant je suis souvent si sec, si aride, que je ne trouve pas un soupir, un acte de reconnaissance pour toutes ces douleurs qui mériteraient une compassion infinie. Enseignez-moi, ô Sagesse éternelle, comme je dois les méditer.

La Sagesse. — La méditation de ma Passion ne doit pas être faite légèrement et par routine ; elle doit être profonde et pleine de considérations pénibles. Le palais peut-il trouver quelque goût à un mets que l'on prend avec précipitation ? il en est de même

---

* I Cor. II, 2.

d'une méditation faite sans amour et sans application. Si, en méditant, tu ne peux pleurer ma Passion, réjouis-toi du moins des biens immenses qu'elle t'acquiert, et qu'en reçoit le monde tout entier. Si, dans tes sécheresses, tu ne peux t'affliger, ni te réjouir, continue cependant avec courage, entretiens-toi de mes douleurs du mieux qu'il te sera possible, et sois persuadé que ces efforts me seront plus agréables que toutes les larmes et la ferveur que tu pourrais avoir ; tu auras fait un acte de vertu en te surmontant pour l'amour de moi, et tu m'auras donné la preuve d'un généreux amour.

Ne te décourage donc jamais, quel que soit l'état où tu te trouves lorsque tu médites ma Passion, et retiens bien ce que je vais te dire. Tu sais que ma justice ne laisse jamais impuni le péché mortel ou véniel, et il y en a beaucoup qui ont mérité par leurs fautes de rester dans le purgatoire. Eh bien ! en méditant ma Passion, et en s'en appliquant les mérites, ces âmes peuvent en peu de temps s'affranchir de toute faute et de toute peine, et devenir si pures, qu'elles pourraient en mourant s'envoler au ciel sans passer par le purgatoire. Tu vois les fruits qu'on retire de la méditation de ma Passion.

Le Disciple. — Mais comment peut faire un pécheur pour se purifier par la contemplation de vos douleurs, et pour s'en appliquer les mérites ?

La Sagesse. — Il doit 1° pleurer dans l'amertume de son cœur les péchés qu'il a commis contre son Père céleste, en repasser la multitude, la gravité, l'ingratitude ; 2° se persuader qu'il ne pourra jamais expier par lui-même ses péchés, puisque les austérités les plus grandes à côté de ses fautes sont comme une goutte d'eau comparée à l'immensité de l'Océan ; 3° louer et bénir la toute puissance de ma satisfaction infinie, en pensant que la plus petite goutte de mon sang suffirait pour effacer les péchés de mille mondes ; 4° s'appliquer cette satisfaction en compatissant à mes douleurs et en s'unissant à ma Passion ; 5° élever sa douleur, faible et imparfaite, à ma douleur sans bornes et sans mesure ; mêler humblement la goutte de sa courte pénitence au mérite immense de ma satisfaction, et confondre ses souffrances avec mes peines infinies.

21

COMMENT ON PEUT MOURIR AVEC JÉSUS-CHRIST SUR LA CROIX.

Le Disciple. — Vous avez eu la bonté, douce et adorable Sagesse, de me montrer les tourments que vous avez soufferts dans votre corps lorsque vous étiez attachée à la Croix et dans les angoisses terribles d'une mort infâme. Dites-moi maintenant je vous en conjure, ce qui se passait sous la Croix ; si quelqu'un compatissait à votre douleur, et ce que vous avez fait pour votre Mère affligée.

La Sagesse. — Écoute une chose digne de toutes les larmes. Je mourais sur la Croix, et les bourreaux qui m'entouraient tournaient en dérision ma divinité, mes miracles et mes œuvres ; ils m'accablaient de crachats, d'injures, de blasphèmes, et me méprisaient comme si j'avais été un ver de terre et l'opprobre du monde entier ; et moi je supportais avec courage les opprobres, gémissant et pleurant sur la perte de leurs âmes, et offrant mon sang à mon Père pour leur salut. Pour les engager à se convertir, je me tournai miséricordieusement vers le voleur qui était à ma droite, et je lui promis le pardon.

Moi qui dispensais ainsi la gloire, j'étais abandonné de tous, nu, couvert de sanglantes blessures, sans personne pour me consoler, me secourir, me reconnaître. Tous mes disciples et mes amis s'étaient enfuis. Je voyais bien ma chère Mère, mais je savais qu'elle souffrait dans son tendre cœur tout ce que j'endurais dans mon corps, et c'était pour moi un nouveau tourment d'être témoin de sa douleur et d'entendre ses paroles déchirantes. Je cherchai à la consoler en la recommandant à mon disciple bien-aimé.

Le Disciple. — Qui pourrait retenir ses larmes et ses gémissements ? Ô lumière brillante, Verbe divin, admirable Sagesse, Agneau, la pureté, l'humilité même, comme vous avez été cruellement traité par ces loups dévorants, par ces tigres affamés ! Si j'avais été présent, si j'avais pu, malgré ma misère et mon indignité, mourir pour vous ou avec vous ; et si je n'avais pas eu ce bonheur, je me serais du moins prosterné, au pied de votre croix, je me serais attaché au rocher qui la portait, et quand il s'est fendu à votre dernier soupir, mon cœur se serait brisé aussi de compassion et d'amour.

La Sagesse. — J'étais seul condamné à la mort par la Justice éternelle, seul je devais être attaché à l'arbre, de la Croix, seul pour le salut de tous je devais boire le calice dans ma douloureuse Passion. Mais il faut maintenant marcher à ma suite, renoncer à toi-même, prendre ta croix et me suivre, et ton sacrifice me sera aussi agréable que si tu étais mort avec moi sur le Calvaire.

Le Disciple. — Me voici, Seigneur, prêt à mourir pour vous ; car il n'est pas juste que je m'appartienne, puisque vous êtes mort pour moi. Enseignez-moi seulement, ô divine Sagesse, quelle croix je dois porter à votre suite, et comment je dois mourir avec vous.

La Sagesse. — Fais le bien autant que tu pourras, et s'il arrive qu'on interprète mal tes actions, qu'on se moque de toi, qu'on t'accable d'injures, de malédictions, qu'on te traite comme un homme méchant et méprisable, efforce-toi de ne pas t'en émouvoir, et de conserver la paix de ton cœur ; supporte les persécutions avec courage et humilité, sans songer à te défendre ; prie avec amour pour tes ennemis, et excuse-les charitablement auprès de ton Père céleste. Tu mourras ainsi par amour sur la Croix ; ma mort recommencera dans la tienne, et ta patience sera une fleur nouvelle de ma Passion.

Si, malgré ton innocence et ta pureté, tu es regardé comme un impie, reçois avec joie cet affront, et lorsque tes contradicteurs viendront s'excuser et te demander pardon, embrasse-les et pardonne-leur avec promptitude et amour, comme s'ils ne t'avaient jamais causé aucune peine ; tâche de leur être utile et de leur témoigner ton affection par tes actes et par tes paroles. Tu auras alors partagé ma Croix ; tu auras imité la bonté qui me faisait pardonner les injures et les cruautés de mes bourreaux.

Si tu renonces à l'amitié, aux conversations des hommes, au bien-être et aux consolations d'ici-bas, autant qu'on le peut dans cette vie, ce renoncement et cette privation remplaceront le délaissement où j'étais sur le Calvaire, lorsque tous les miens m'avaient abandonné.

Si par amour pour moi tu t'affranchis des affections inutiles, surtout de celles qui pourraient t'éloigner de mon service, tu me seras agréable comme saint Jean, mon disciple bien-aimé qui m'était fidèle au pied de la Croix. En conservant ton cœur pur et libre de tout attachement terrestre, tu vêtiras, tu couvriras ma nudité. Mais surtout, dans les violences et les attaques de ton prochain, au milieu des persécutions et des injures, ne te défends pas, ne résiste pas, sois silencieux comme un agneau, supporte tout avec mansuétude et douceur ; que ton cœur, tes paroles, ton visage respirent la douceur et la paix. Tâche de triompher par ton humilité de la dureté et de la malice de tes ennemis.

C'est ainsi que tu porteras en toi l'image fidèle de ma mort ; c'est ainsi qu'en gravant dans ton âme ma douloureuse Passion, qu'en la méditant, en la rappelant dans tes prières, en l'imitant dans tes actions, tu te conformeras à mes souffrances et à la fidélité de ma chaste Mère et de mon bien-aimé disciple.

Le Disciple. — Ô toute-puissante Sagesse, gravez dans mon esprit et dans mon corps, que je le veuille ou que je ne le veuille pas, une image véritable de votre mort, afin que je rende gloire à votre saint nom.

22
QUEL FUT LE BUT DE NOTRE SEIGNEUR JÉSUS-CHRIST SUR LA CROIX.

Le Disciple. — Ô douce Sagesse ! ma Souveraine et ma Maîtresse, entretenez-moi maintenant de ce qui se passait dans votre cœur et dans votre âme. Faites-moi connaître votre état intérieur sur la Croix. Sans doute que vous receviez des consolations du Ciel, et que vous étiez fortifié comme le furent les martyrs au milieu de leurs tourments. L'assistance de votre Père céleste a dû rendre plus supportable votre supplice.

La Sagesse. — Les peines de mon corps étaient bien grandes, mais combien plus douloureuses ont été les afflictions de mon âme ! Dans la partie supérieure de mon être je contemplais l'essence divine, comme je la contemple maintenant dans le paradis ; mais toutes les puissances et les facultés inférieures de mon âme étaient plongées dans la désolation et l'abandon ; j'étais réduit à des angoisses que personne n'a éprouvées et n'éprouvera jamais ; mon corps suspendu à la Croix était couvert de plaies, d'où s'échappait mon sang ; mes yeux étaient gonflés de larmes, et mes membres disloqués ; les horreurs de la mort m'environnaient ; je ne recevais aucun secours du Ciel et de la terre, et je criais d'une voix lamentable : Mon Dieu ! mon Dieu ! pourquoi m'avez-vous abandonné ? Cependant ma volonté était inébranlable, et parfaitement unie à la Justice divine qui me frappait.

Lorsque mon sang fut presque tout répandu et que les forces m'abandonnèrent dans l'agonie, j'éprouvai une soif brûlante qui me fit dire : J'ai soif ; mais j'avais encore plus soif de souffrir et de sauver les âmes. Lorsque j'eus accompli tout ce qui était nécessaire à la rédemption des hommes, je déclarai que tout était consommé. J'avais été ainsi obéissant jusqu'à la mort de la Croix ; je remis mon esprit entre les mains de mon Père, et je me séparai de mon corps. Après ma mort, j'eus le côté droit percé d'un coup de lance, et il en sortit des flots de sang et une source d'eau vive. Voilà, mon ami, tout ce que j'ai souffert pour réparer tes fautes et celles de mes élus ; c'est le sacrifice efficace de mon sang innocent qui t'a racheté et délivré de la mort éternelle.

Le Disciple. — Ô très-douce Sagesse, que rendrai-je à votre Majesté pour tant d'amour ? et quelles actions de grâces vous offrirai-je pour votre douloureuse Passion ? Si j'avais la force de Samson, la sagesse de Salomon et les richesses de tous les rois, je les consacrerais à votre louange et à votre service, mais je ne puis rien ; je ne suis rien, et pourtant je voudrais vous témoigner ma reconnaissance.

La Sagesse. — Toutes les langues des anges ne suffiraient pas pour me louer, et tous les cœurs des hommes ne pourraient me remercier de la plus petite affliction que j'ai soufferte pour eux.

Le Disciple. — Je vivrai donc sans jamais m'acquitter. Enseignez-moi de grâce ce que je puis faire pour vous plaire et vous servir.

La Sagesse. — Tiens toujours les yeux fixés sur ma Croix, et grave dans ton esprit, en y compatissant, les tourments les plus cruels de ma Passion. Lorsqu'il t'arrivera de souffrir, supporte-le en union avec moi ; si dans tes afflictions je ne te console pas, et je te laisse dans la sécheresse et l'abattement, comme je l'étais sur le Calvaire, garde-toi bien de chercher des consolations humaines, mais pousse vers Dieu des gémissements et des soupirs, abandonne-toi pour m'imiter, à la volonté de ton Père céleste ; et plus tu seras torturé à l'extérieur et délaissé à l'intérieur, plus tu seras cher à Dieu, et plus tu approcheras de ma ressemblance sur la Croix : c'est ainsi que j'éprouve mes plus chers amis.

Lorsque tu auras un grand désir de secours et de consolation, fais-toi violence et renonces-y, afin d'avoir dans ta soif la langue abreuvée de fiel et de vinaigre ; sois toujours altéré du salut des âmes, et travailles-y avec ardeur pendant toute ta vie ; obéis avec empressement à tes supérieurs, conserve ton âme détachée de toute jouissance, et remets-la entre les mains de Dieu comme au moment de ton dernier soupir. Tu seras ainsi uni à ma Croix ; mais par-dessus tout, apprends à te cacher dans mon côté ouvert et dans la blessure que l'amour a faite à mon cœur ; je te laverai avec l'eau qui en découle, je t'y décorerai de la pourpre de mon sang, je m'attacherai à toi par des liens indissolubles, et mon esprit s'unira au tien d'une union éternelle.

23
RÈGLES SOMMAIRES DE LA VIE SPIRITUELLE.

Le Disciple. — Très-haute Sagesse, l'empire du monde me rendrait moins heureux que je ne le suis en entendant vos admirables leçons ; mais dites-moi, je vous en conjure, ce que je dois faire surtout, pour éviter le mal et arriver à la perfection.

La Sagesse. — Écoute en peu de mots la règle d'une vie pure et parfaite. Tiens-toi séparé et éloigné des hommes ; affranchis-toi des images et du courant des choses terrestres et humaines ; délivre-toi de tout ce qui peut troubler le cœur, captiver l'affection et jeter dans les peines et les inquiétudes du monde, de la chair et de la nature. Élève ton esprit à une contemplation sainte où je serai l'objet perpétuel de tes pensées. Que tous tes autres exercices spirituels, les veilles, les jeûnes, la pauvreté, les austérités de la vie, les mortifications du corps et des sens, soient dirigés vers ce but ; ne les pratique qu'autant qu'ils peuvent t'aider et t'exciter à la présence de Dieu. C'est ainsi que tu arriveras à une perfection que n'atteint pas une personne sur mille, parce que la plupart des chrétiens s'imaginent que tout est dans les pratiques extérieures. Ils s'y agitent pendant des années sans faire de progrès, et restent toujours les mêmes, toujours éloignés de la véritable perfection.

Le Disciple. — Mais qui pourra, Seigneur, tenir les yeux de son âme toujours fixés sur votre divinité et continuer, sans jamais l'interrompre, cette sublime contemplation ?

La Sagesse. — Aucun homme, sans doute ; mais je te dis ces choses afin que tu t'efforces au moins d'y atteindre, que tu les désires, que tu en fasses la règle de tes exercices spirituels, et que tu y consacres ton cœur et ton esprit. Quand tu t'apercevras que tu t'éloignes du but et que tu es distrait de cette contemplation, songe que tu te prives de la béatitude même ; retourne sur-le-champ à la fin que tu t'étais proposée, et veille constamment sur toi-même pour ne jamais t'écarter de la présence de Dieu. Toutes les fois que tu l'oublies et que tu marches à l'aventure, tu ressembles au nautonier qui a perdu, au milieu d'une tempête terrible, ses rames et son gouvernail : il ignore sa route et ne sait plus comment conduire son navire. Si tu ne peux rester constamment appliqué à la contemplation de ma divinité, reviens-y du moins sans cesse par le recueillement et la prière, et que tes efforts pour marcher en ma présence t'affermissent en Dieu autant qu'on peut l'être ici-bas.

Écoute, ô mon fils, ces leçons, qui ne trompent pas ; écris-les au fond de ton cœur, et rappelle-toi toujours la tendresse qui me les inspire. Si tu veux faire de véritables progrès dans la vertu, que ces paroles ne s'effacent jamais de ton esprit ; qu'elles te soient présentes, partout et à chaque instant, dans la paix ou dans le trouble, dans la fatigue ou le repos ; tu y trouveras toujours les lumières et les avantages de la Sagesse. Mon fils, donne tous tes soins à Dieu et à ton âme, et tâche de ne jamais quitter et négliger ton intérieur. Sois pur, et débarrasse-toi de toutes les occupations qui ne sont pas nécessaires. Élève tes pensées au ciel et fixe-les en Dieu ; tu te sentiras de plus en plus éclairé, et tu connaîtras le souverain Bien, dans l'ignorance et l'éloignement duquel tu vis maintenant.

Le Disciple. — Quelles actions de grâces vous rendrai-je, ô sublime Sagesse, pour ces enseignements que vous épanchez dans mon âme avec tant de bonté et de douceur ? Vos paroles ne s'effaceront jamais de ma mémoire, elles seront la règle et la force de ma vie ; c'est mon désir, mon ambition.

24

LE DISCIPLE DE LA DIVINE SAGESSE ASSISTE À LA MORT SUBITE D'UN JEUNE HOMME DE TRENTE ANS.

Le Disciple. — Très-doux Jésus, que mes prières ne vous importunent pas, et daignez m'enseigner à mourir à moi-même et à toutes les choses créées, à vivre pour vous seul, à vous aimer, à vous louer de toute mon âme, à vous recevoir humblement et dignement dans le très-saint Sacrement de l'autel. Ô mille fois heureux celui qui sait vous servir comme vous le méritez ! Mais puisque vous m'avez exhorté de tant de manières à mourir avec vous sur la Croix, dites-moi de quelle mort vous parlez : de la spirituelle, ou de la corporelle ?

La Sagesse. — De l'une et de l'autre.

Le Disciple. — Mais on connaît la mort corporelle quand elle arrive ; il n'y a pas alors besoin de grand enseignement pour subir la loi de la nature.

La Sagesse. — Celui qui attend la mort pour apprendre à mourir est dans une grande erreur. On n'apprend à mourir qu'en pensant toujours à la mort.

Le Disciple. — Mais il est bien triste, bien pénible et bien dur de penser toujours à la mort.

La Sagesse. — Tu es assez aveugle pour ne pas voir qu'on

meurt à chaque instant. Combien disparaissent dans les villes et les couvents ! combien sont frappés de mort subite ! Tu ne te rappelles pas qu'il y a peu de temps tu as failli mourir comme les autres. Ouvre donc tes sens intérieurs, et écoute, pour ton instruction, les gémissements d'un jeune homme que la mort a surpris.

Le Mourant. — Hélas ! hélas ! malheureux que je suis ! pourquoi ai-je vu la lumière ? Je suis né dans les gémissements et les larmes, et je meurs au milieu des cris et des angoisses. Hélas ! « les douleurs de la mort m'ont environné, et les périls de l'enfer m'ont saisi.* » Ô mort épouvantable, pourquoi venir empoisonner mes jeunes années ? Moi, qui n'ai jamais pensé à toi, qui ne t'ai jamais désirée, pourquoi m'attaquer si brusquement ? Me voilà dans tes liens comme un criminel qu'on entraîne au supplice. Je me frappe la tête de désespoir, et je me déchire dans ma rage. Pour moi, aucun secours, aucune espérance ; j'entends la voix de la mort qui me crie : Malheureux, il faut rendre le dernier soupir ; il est impossible d'échapper, rien ne te délivrera de mes mains ; amis, parents, richesses, sciences, adresse, tout est inutile ; tu dois subir ton sort et quitter la vie. Ainsi donc je vais mourir ; il n'y a pas d'appel, et il faut me séparer de ce corps que j'aimais tant : ô mort ! ô mort !

Le Disciple. — Mais, mon ami, pourquoi tant vous affliger ? Ne savez-vous pas que la loi de la mort est commune à tous, au pauvre comme au riche, aux jeunes comme aux vieux ? Il meurt même plus de jeunes gens que de vieillards. Pensez-vous être épargné seul par la mort ? ce serait une grande folie.

Le Mourant. — Est-ce ainsi que vous me consolez ? pourquoi me dire des paroles si dures et si amères ? J'ai bien toute ma raison. Celui qui a vécu sans se préparer à la mort et qui meurt sans la craindre, celui-là est aveugle et fou ; il meurt comme une

---

* Ps. CXIV, 3.

brute, parce qu'il ignore le danger qu'il court. Je ne me plains pas de mourir, mais je me désespère de mourir subitement et sans préparation. Il faut subir une nécessité à laquelle je ne me suis aucunement disposé. Ce n'est pas seulement ma vie que je pleure, ce sont ces jours que j'ai perdus dans les plaisirs et les fêtes, tandis que j'aurais pu les utiliser pour mon âme.

Je suis maintenant comme une fleur tombée et desséchée, comme un avorton qui n'a pas connu l'existence. Le temps a passé pour moi comme la flèche d'un arc bien tendu, et ma vie va disparaître dans le néant de l'oubli. « Aussi maintenant ma parole est pleine d'amertume, et l'excès de ma douleur étouffe mes gémissements.* » Oui ! oui ! malheur à moi ! Si je pouvais retrouver mes premiers jours, si je pouvais avoir encore ce temps précieux qui m'était donné, et savoir ce que je sais maintenant ! Comme je méprisais ce temps, et comme je le perdais en choses inutiles ! Il est passé, et je ne puis le faire revenir. Infortuné que je suis, une de ces heures fugitives devait m'être plus précieuse que l'empire du monde entier ; et maintenant je pleure leur perte, et toutes mes larmes ne peuvent m'en rendre un seul instant. Pourquoi n'ai-je pas mieux employé ce temps qui m'était donné peur bien mourir ?

Ô vous, jeunes gens, qui êtes au printemps de la vie et qui en possédez les riches et riantes années, considérez mon malheur et que mon exemple vous apprenne à vous donner à Dieu, afin qu'il ne vous arrive pas un jour ce qui m'arrive maintenant. Ô jeunesse mal employée, belles années perdues dans le péché ! Je ne voulais pas écouter les reproches de mes parents, de mes amis ; je ne voulais pas renoncer à mes plaisirs, et je suis tombé sans y penser dans les pièges de la mort. Il eût mieux valu pour moi mourir dans le sein de ma mère, que d'avoir à me reprocher l'abus du temps et la perte de ma vie.

---

* Job XXIII, 2.

Le Disciple. — Mon cher frère, revenez à Dieu par un repentir sincère de vos péchés, et si vous finissez bien, tout sera réparé : vous serez sauvé.

Le Mourant. — Ce que vous me dites n'est-il pas absurde, impossible ? Comment voulez-vous qu'au moment de la mort je fasse pénitence et que je revienne à Dieu ? Je suis dans les angoisses de la terreur, et je ressemble au petit oiseau qui est plus mort que vif entre les griffes du vautour. Je n'ai qu'une pensée, celle d'échapper à la mort qui m'attend ; mais je vois que je ne puis l'éviter ; elle me presse, elle me frappe, et mon âme va quitter mon corps.

Hélas ! pourquoi ne suis-je pas revenu à Dieu par une sincère pénitence lorsque j'étais en santé ? Comme maintenant je mourrais heureux et tranquille ! Celui qui abandonne Dieu et qui diffère sa conversion quand il se porte bien, mérite de ne pouvoir faire pénitence au moment de sa mort. Hélas ! je différais d'année en année, de jour en jour, et je suis parvenu à me perdre avec tous mes bons vouloirs et mes stériles promesses. Je fuyais sans cesse la pénitence, et me voilà tombé dans l'abîme et les ténèbres de la mort. Mon plus grand malheur, c'est d'avoir passé les trente ans de ma vie sans avoir peut-être employé un seul jour à la gloire de Dieu, sans avoir fait une seule action qui lui fût agréable ; c'est là le remords qui m'est le plus cruel. Quelle honte, quelle confusion, lorsque je paraîtrai devant la majesté terrible de Dieu, en présence de toute la Cour céleste ! Maintenant que je vais expirer, un seul *Ave Maria*, que je pourrais dire dévotement, me serait plus précieux que tout l'or du monde. Ah ! Seigneur, que de biens j'ai perdus en ne profitant pas du temps, et dans quelle infortune je me suis précipité pour de vils plaisirs ! Comme je me féliciterais d'avoir pendant ma jeunesse évité les amis du monde ! J'aurais plus mérité en m'abstenant, pour l'amour de Dieu, d'un seul regard impur et défendu que si d'autres offraient à cette heure pour moi trente années de ferventes prières.

Ô vous, qui devez mourir, écoutez une chose épouvantable : Je meurs, et comme je n'ai fait aucune bonne action, j'implore les mérites des hommes vertueux afin de racheter ma vie coupable ; mais tous me refusent, parce qu'ils craignent que l'huile de leurs lampes soit insuffisante à leur salut. Et moi, qui pouvais m'enrichir quand j'étais en santé, je sollicite inutilement une aumône spirituelle qui puisse, non pas obtenir quelque récompense, mais me concilier peut-être la miséricorde divine, et diminuer un peu ma dette.

Ô vous tous jeunes et vieux, apprenez de moi à acquérir par vos bonnes œuvres, pendant cette vie, des grâces et des mérites ; ne comptez pas sur l'heure de la mort pour mendier les mérites des autres, parce que vous ne trouverez personne qui ait la volonté et la puissance de vous secourir.

Le Disciple. — Vos plaintes et vos angoisses me déchirent le cœur ; votre malheur me fait penser à moi-même, et je vous conjure par le Dieu vivant de me dire ce que je dois faire, pendant que je suis en santé, pour éviter votre triste sort.

Le Mourant. — Ce que tout homme vivant a de plus prudent et de plus sage à faire, c'est de confesser souvent avec un grand soin et une douleur profonde tous ses péchés ; et, après cette confession, il doit régler sa vie de manière à être prêt à mourir chaque semaine, chaque jour. Imaginez-vous que votre âme est condamnée à dix ans de peines et de supplices dans le purgatoire, et que vous n'avez qu'une année pour la secourir et la délivrer des flammes ; écoutez une voix lamentable qui vous crie : Ô mon fidèle ami, tends-moi une main secourable et retire-moi de ces flammes cruelles ; je suis malheureuse, pauvre, désolée, et je n'ai que toi pour me venir en aide ; le monde entier m'a oubliée, « parce que tous cherchent leurs intérêts.* »

Le Disciple. — Tous vos conseils sont bons et profitables, et si

---

* Philip. II, 21.

les hommes comprenaient les choses comme vous les comprenez maintenant, ils seraient profondément impressionnés. Mais les gens du monde n'y font pas d'attention ; ils ont des oreilles, et n'entendent pas ; des yeux, et ne voient pas. Personne ne pense à mourir pendant qu'il est en vie et en santé ; on attend pour cela que l'âme quitte le corps.

Le Mourant. — Aussi, quand ils seront atteints des flèches de la mort, ils auront beau pousser des cris et des gémissements, le ciel et la terre resteront impitoyables. Sur cent chrétiens qui vivent dans le monde ou dans le cloître, il s'en trouvera à peine un qui sera frappé de mes paroles et qui changera de conduite ; sur ces cent chrétiens, par conséquent, il s'en trouvera à peine un qui mourra bien préparé. Presque tous tombent dans les filets de la mort sans avoir pensé à leur fin dernière, presque tous expirent sans se reconnaître et sans faire pénitence parce que la vaine gloire, l'orgueil de la vie, les plaisirs du corps, l'amour de ce qui passe si vite, la préoccupation de leurs intérêts matériels les jettent dans le plus déplorable aveuglement.

Si vous voulez éviter avec le petit nombre les conséquences terribles d'une mort imprévue, écoutez mes conseils : pensez continuellement à la mort, et imaginez-vous que votre âme est déjà dans les flammes du purgatoire. Les prières et les bonnes œuvres que vous ferez pour la délivrer, diminueront bientôt la crainte et l'horreur que vous avez de la mort, et votre cœur finira par la désirer et l'attendre avec amour. Que ce soit votre méditation la plus fréquente et la plus sérieuse ; gravez mes paroles dans votre esprit, et n'oubliez pas les leçons que je vous donne au milieu des bouleversements de ma mort et des ténèbres de ma dernière nuit. Oh ! qu'il est béni de Dieu, celui qui arrive à cette heure terrible bien préparé ! Il quitte la terre pour le ciel sans éprouver l'amertume de la mort.

Hélas ! miséricordieux Maître quel sera tout à l'heure l'asile, le refuge de mon âme dans cette région inconnue de l'autre vie ?

Hélas ! je sens que tout m'abandonne, et que mon âme va souffrir au milieu de toutes ces âmes tombées dans les flammes de votre justice. Quel ami véritable et dévoué pourra me secourir ? Mais plus de gémissements, voilà l'heure de partir ! Je meurs, je ne puis plus retenir la vie ; mes mains deviennent froides et mon visage livide ; mes yeux s'obscurcissent, les angoisses de la mort m'oppressent, c'est à peine si je respire encore ; le monde disparaît, sa lumière me fuit, j'entrevois une autre vie. Ah ! quel spectacle ! voici autour de moi des fantômes horribles ; les démons de l'enfer m'environnent et font tous leurs efforts pour s'emparer de mon âme.

Dieu ! ô justice ! que vos jugements sont sévères, et combien pèsent mes moindres fautes ! Hélas ! quelle sueur glacée baigne tout mon corps ! visage terrible de mon juge ! J'aperçois les flammes ardentes du purgatoire qui tourmentent les âmes et les agitent comme des étincelles ; elles crient toutes d'une voix lamentable : Hélas ! hélas ! quel supplice nous endurons ! personne ne pourra jamais comprendre la multitude et la grandeur de nos peines. Ô vous qui vivez, secourez-nous dans notre malheur et nos désolations ! Où sont maintenant les souvenirs de l'amitié ? Ses promesses étaient trompeuses, car nous voilà dans l'abandon et l'oubli. « Ayez pitié de nous, ayez pitié de nous, vous du moins qui êtes nos amis.[*] » Nous vous chérissions, nous vous rendions tous les services possibles : est-ce ainsi que vous nous récompensez de notre dévouement ? N'aurez-vous donc pour nous aucune compassion ? Et pourtant notre supplice surpasse tous les tourments des martyrs, et nous souffrons plus en une heure qu'on ne peut souffrir en cent ans sur la terre. Qu'il eût mieux valu prévoir ces flammes et cet abandon ! flamme cruelle ! ô privation de Dieu plus cruelle encore ! Mais je tombe au milieu de toutes les horreurs, je n'ai plus de force : j'expire.

---

[*] Job XIX, 21.

Le Disciple. — Ô divine Sagesse ! où êtes-vous ? M'avez-vous donc abandonné ? Ô mon Jésus, comme ce spectacle de la mort m'a épouvanté ! je ne sais si mon âme est encore dans mon corps, et si la crainte n'a pas tari ma vie. Je vous remercie, Seigneur, de cet enseignement, et je vais tout faire pour en profiter. Je ne passerai jamais un seul jour sans méditer sur la mort, afin de prévoir ses embûches et de ne pas être victime de ses surprises ; je veux apprendre à mourir pendant que je suis en santé ; toutes mes pensées seront dirigées vers l'autre monde, parce qu'ici-bas tout est vanité.

Je n'attendrai pas mon dernier jour pour me repentir, et je commencerai ma pénitence dans la sève même de ma jeunesse. Loin de moi maintenant un lit voluptueux, une nourriture délicate, les vins précieux, les longs sommeils, les honneurs périssables, le bien-être et les jouissances du corps. Comment pourrai-je supporter les tourments du purgatoire, si je n'ai pas le courage de faire actuellement pénitence ? Oui, je veux, aujourd'hui même, commencer à soulager ma pauvre âme que tous oublieront lorsqu'elle sera dans les flammes de l'expiation.

La Sagesse. — Tu fais bien, mon ami, de songer pendant ta jeunesse aux dangers de la mort ; car à ton dernier moment personne ne pourra te secourir, et tu n'auras d'autre refuge que ma Passion, ma mort et mon infinie miséricorde. Plonge-toi donc dans mon Sang précieux avec foi et humilité, et tu seras sauvé.

Le Disciple. — C'est pour cela, mon Jésus, que je me prosterne à vos pieds sacrés, en gémissant et en vous suppliant de vouloir bien me châtier et me purifier avant que je tombe dans les supplices incompréhensibles du purgatoire. Que j'étais insensé lorsque je pensais que ce purgatoire n'était rien, et que c'était un bonheur d'y aller ! Maintenant je redoute tant ses flammes dévorantes, que je ne puis y songer sans être tout tremblant d'effroi.

La Sagesse. — Du courage, mon fils ; car cette crainte est le commencement de la Sagesse et le chemin de la gloire. Ne te souviens-tu pas des louanges que les saintes Écritures donnent à ceux qui craignent et méditent continuellement la mort ? Tu dois me rendre grâce d'y penser comme tu le fais ; car c'est une chose bien rare dans le monde ; et cependant les avertissements se renouvellent sans cesse, et l'illusion est impossible. Les malheureux tombent en mourant dans les gouffres terribles de l'enfer ; ils pleurent, ils gémissent, ils s'aperçoivent alors de leur folie, mais il est trop tard.

Rappelle-toi, si tu peux, tous tes contemporains qui sont morts, et évoque-les dans ton esprit ; converse avec eux, et demande-leur ce qu'ils sont devenus ; écoute leurs soupirs, leurs cris déchirants, et profite de leurs sages conseils. Bienheureux celui qui apprend des autres à s'occuper à temps de son salut. Si tu es sage, tu attendras la mort chaque jour ; tu te tiendras toujours prêt à la recevoir, et à partir content pour ce grand voyage. Qu'y a-t-il de plus incertain que la vie ? L'homme est comme le petit oiseau sur lequel plane le vautour, ou comme l'infortuné qui voit arriver du rivage le vaisseau rapide qui l'emportera pour toujours loin de sa patrie. La vraie sagesse est de prévoir sa fin dernière, et d'aller, par la méditation, au-devant de la mort.

25
DU TRÈS-SAINT SACREMENT DE L'EUCHARISTIE.

Le Disciple. — Si vous m'accordiez la grâce, ô compatissante Sagesse, d'entrer dans l'intimité sainte de vos divins mystères, je vous demanderais d'autres secrets de votre amour. Il est certain que l'abîme impénétrable de votre infinie charité nous est largement ouvert par votre douloureuse Passion et par votre mort ; mais, dites-moi, ne pouvez-vous pas nous donner d'autres preuves aussi éclatantes de votre tendresse pour nous ?

La Sagesse. — Comment ne le pourrais-je pas ? Il est aussi impossible de compter les étoiles du ciel que les preuves et les témoignages de mon amour infini.

Le Disciple. — Ô mon Jésus, mon doux Amour, voyez combien mon âme languit dans votre attente, et donnez à votre serviteur la paix et le bonheur de votre présence. Vous voyez que toutes les affections de la terre sont mortes en moi, et que je ne désire autre chose que les trésors de votre charité. Vous savez bien que le propre de l'amour est de ne pouvoir jamais être rassasié de son objet : plus il le possède, plus il désire le posséder. Dites-moi donc, Ô ravissante Sagesse, quelle est, avec votre

Passion et votre mort, la grande preuve de votre amour que vous avez donnée dans votre Incarnation.

La Sagesse. — Réponds-moi d'abord. Parmi les choses précieuses, qu'y a-t-il de plus précieux pour celui qui aime ?

Le Disciple. — La présence de celui qui est aimé, je crois, ses embrassements, sa jouissance assurée.

La Sagesse. — Cela est vrai, et comme je prévoyais que mes fidèles amis seraient tourmentés du désir de ma présence, j'ai voulu, dans la dernière Cène, au moyen du sacrement de l'Eucharistie, rester présent pour mon Église et mes amis jusqu'à la fin des siècles.

Le Disciple. — Mais, Seigneur, excusez mon ignorance : comment votre corps heureux et glorifié peut-il être sous les faibles apparences du pain ? Comment puis-je vous voir présent dans ce Sacrement ?

La Sagesse. — Rien n'est impossible à ma toute-puissance infinie, et si tes sens te font défaut, il faut les suppléer par une foi simple et sincère, sans songer à sonder des abîmes incompréhensibles. Je suis présent pour toi sur l'autel, vrai Dieu et vrai homme, avec mon corps, mon âme, ma chair, mon sang, comme je l'étais dans les bras et sur le sein de ma Mère bien-aimée, comme je le suis au ciel dans la perfection de ma gloire.

Dis-moi comment se montre un palais dans un miroir, et dans chaque fragment de ce miroir, comment toute l'étendue des cieux est saisie par l'œil, qui est si petit. Ne faut-il pas plus de puissance pour créer de rien le ciel, la terre et tout l'univers, que pour changer invisiblement du pain en mon corps ? Pourquoi s'étonner plus de l'un que de l'autre ? Combien y a-t-il dans le monde de choses que tu crois sans les voir ? Les créatures invisibles ne surpassent-elles pas de beaucoup les créatures visibles ? Qui ne croit fermement avoir une âme ? Et pourtant personne ne l'a vue.

Si je t'interrogeais sur les voies de l'abîme et sur les eaux supérieures, ne me répondrais-tu pas que ces choses dépassent tes facultés, parce que tu n'as pas pénétré les abîmes, ni visité les hauteurs des cieux ? Mais si tu ne comprends pas les choses naturelles et terrestres, comment veux-tu comprendre les choses célestes et divines ? Si une mère enfantait et élevait un fils dans une prison complètement obscure, tout ce qu'elle lui raconterait du soleil, des étoiles, l'étonnerait et lui paraîtrait incroyable ; et pourtant sa mère ne l'aurait pas trompé. Ma parole n'est-elle pas plus certaine que tous les sens de l'homme ? Qu'il te suffise donc de savoir que l'Eucharistie est l'œuvre de ma toute-puissance et de mon amour ; que la foi te soutienne, et tu goûteras ma présence.

Le Disciple. — Comment refuser de croire ce que vous enseignez, ô mon Jésus, puisque vous êtes la vérité qui ne peut mentir, la sagesse qui ne peut se tromper, la toute-puissance que rien ne saurait limiter ? Que n'ai-je autant d'amour que toutes les créatures ! Que n'ai-je une conscience aussi pure que celle des anges, une âme ornée de toutes les beautés, de toutes les vertus, afin de vous recevoir en moi avec une telle ardeur, une telle puissance, que ni la vie ni la mort ne puissent jamais me séparer de vous ! Si vous m'envoyiez un ange en ambassade, je ne saurais quel honneur lui rendre pour le recevoir convenablement. Que dois-je donc faire pour vous, qui êtes le Roi de gloire, le bien-aimé de mon âme, le Bien unique, souverain, qui renferme tout ce que peut désirer mon cœur dans le temps et dans l'éternité ?

Vous êtes, ô doux Jésus, ce que l'œil trouve de plus beau, le palais de plus doux, le tact de plus délicat et le cœur de plus aimable. Mais je ne sais vraiment comment m'unir à vous ; votre présence m'attire et m'enflamme, mais votre majesté m'éloigne et m'épouvante. Ma raison veut que je vous adore dans le silence et dans la crainte, et mon cœur veut vous aimer, vous embrasser comme son unique bien-aimé. Vous seul, ô Jésus ! vous êtes mon Seigneur, mon Dieu, mon frère, mon époux. Oh ! si je pouvais changer tous mes membres, mes os, ma chair en amour ! si je n'étais rien qu'amour, afin de pouvoir reconnaître vos bontés, votre immense amour ! Et que m'importe le monde, si vous vous donnez réellement à moi, pour que je vous presse dans mon sein, que je vous aime et que je goûte toute l'intimité de votre présence ? Je me serais estimé bien heureux si j'avais pu, de la blessure de votre cœur, recueillir une seule goutte de sang et la conserver ; et voilà que, par votre Sacrement, je reçois dans ma bouche, dans mon cœur et dans mon âme, votre précieux Sang qu'adorent les anges du ciel.

Ô Sacrement d'amour ! Calice d'ineffable tendresse ! Quel don, Seigneur, de recevoir en soi votre charité même, et d'être transformé en elle par la grâce ! Je ne désire plus vous voir sans voile, parce que la foi, supérieure aux sens et à l'intelligence, me suffit, parce que je vous possède avec certitude, que rien ne me manque, et que je ne puis désirer davantage. Oui, je voudrais louer dignement et glorifier la grandeur de votre sagesse et les trésors de votre science. Ô profondeur ! immensité d'amour ! Pensée sublime ! Nourriture très-pure ! Sacrement ineffable ! Seigneur, si dans vos dons et dans l'effusion de votre grâce et de votre amour, vous êtes si grand, si admirable, si incompréhensible, qu'êtes-vous donc dans votre essence même ? Ô mon âme, prépare avec soin ta demeure pour un roi si élevé, ton cœur pour un hôte si doux, ton amour pour un époux si pur et si ravissant. Va au-devant de lui avec tous les sentiments d'humilité et de respect dont tu es capable.

26
DE QUELLE MANIÈRE L'ÂME DOIT SE PRÉPARER À RECEVOIR L'EUCHARISTIE.

Le Disciple. — Je reconnais, divine Sagesse, votre amour, votre bonté, votre grandeur dans le sacrement de l'Eucharistie ; mais je comprends par là même qu'il m'est impossible de vous recevoir dignement, si vous ne me l'enseignez.

La Sagesse. — Viens à moi avec le respect et l'humilité que ma Divinité mérite ; retiens-moi dans ton âme, en ne perdant jamais de vue ma présence ; regarde-moi et traite-moi comme l'épouse chérie qu'a choisie ton cœur. Que la faim de cette céleste nourriture t'y fasse participer plus souvent. Une âme qui veut me donner l'hospitalité d'une vie retirée, et jouir de l'intimité de mes épanchements, doit être pure et libre de toute préoccupation stérile, morte à elle-même et à toutes les affections, ornée de vertus et toute parée des roses rouges de la charité, des violettes odorantes d'une humilité profonde, et des lis éblouissants d'une inviolable pureté. C'est ainsi que tu me prépareras le lit doux et paisible de ton cœur, car « je fais ma demeure dans la paix.* »

Que je sois l'objet de tes désirs et de tes embrassements, mais

---

* Ps. LXXV, 3.

que j'aie ton amour sans partage ; l'âme qui aime la terre, je la fuis comme le petit oiseau fuit le vautour. Chante-moi les cantiques de Sion, pour célébrer les merveilles de ma bonté dans un si grand Sacrement ; et que tes louanges soient des élans d'amour. De mon côté, je te rendrai tendresse pour tendresse ; je te ferai goûter une paix véritable, une claire vue de moi-même, une joie sans mélange, une douceur ineffable, un avant-goût de la béatitude éternelle. Ces grâces sont accordées à mes seuls amis, qui s'écrient, dans l'ivresse de ces faveurs secrètes : « Vous êtes vraiment un Dieu caché !* »

Le Disciple. — Hélas ! que je suis à plaindre ! j'ai si souvent cueilli ces roses sans en avoir senti l'odeur ! je me suis promené parmi ces fleurs sans les voir, j'ai reçu ce baume, et je n'en ai pas été pénétré ; j'ai été couvert d'une rosée féconde, et je suis resté une branche sèche et aride. Ô mon Jésus, hôte aimable des âmes pures, combien de fois vous ai-je reçu, et me suis-je refusé ! combien de fois ai-je mangé le pain des anges sans faim et sans désir ? Si j'avais eu à recevoir un ange, avec quel respect je l'aurais fait ; et le Roi des anges, je ne l'ai pas seulement remarqué ! Que je regrette amèrement d'avoir été, en votre présence eucharistique, si léger, si froid, si ignorant, si près par mon corps, si éloigné par mon cœur !

Pendant que vous me visitiez et que vos yeux étaient tendrement attachés sur mon âme, j'étais distrait ; je pensais à d'autres choses, sans craindre votre souveraine Majesté. Et pourtant, ô mon Jésus, il était bien juste d'être tout à vous, de vous offrir mes hommages, mes désirs et mon cœur ; de me répandre en amour, en louanges et en ferventes actions de grâces. En réparation de mes oublis et de mes fautes, je me prosterne à vos pieds sacrés ; et, en présence de tous les anges, qui vous adorent dans cet auguste Sacrement, je vous reconnais pour mon Dieu, mon

---

* Isaïe XLV, 15.

Seigneur, la Sagesse éternelle, le Verbe incarné, l'Homme parfait qui règne maintenant dans la gloire, et je vous supplie de compatir à mes distractions, à mes irrévérences. Que votre miséricorde se laisse toucher par mes larmes ; oubliez toutes les fautes que j'ai commises contre le Sacrement de votre amour.

27
COMBIEN DE GRÂCES S'ACQUIÈRENT PAR LA FRÉQUENTE COMMUNION.

Le Disciple. — Maintenant, éternelle Sagesse, dites-moi quel bien procure votre présence eucharistique à l'âme fidèle qui vous reçoit avec amour et désir ?

La Sagesse. — Mon fils, cette demande est-elle digne de quelqu'un qui aime ? Qu'ai-je de meilleur que moi-même ? Que peut-on désirer lorsqu'on est uni à l'objet de son amour ? et quand on s'est donné, que peut-on refuser ? Dans ce Sacrement, je me donne à toi et je t'enlève à toi, tu me trouves et tu te perds afin d'être changé en moi-même.

Dis-moi, que fait la douceur du printemps aux campagnes et aux jardins, lorsque sont passés les glaces, les neiges, les vents et les rigueurs de l'hiver ? Que fait l'éclat des étoiles à l'obscurité de la nuit ? Que font les rayons du soleil pour un air transparent ? Tous les biens affluent par ma présence, à l'âme qui me reçoit avec amour. Mon corps glorieux n'offre-t-il pas le charme de l'été ; mon âme ne surpasse-t-elle pas les splendeurs des étoiles, et ma Divinité n'est-elle pas plus riche en lumière que des multitudes de soleils ?

Le Disciple. — Mais, Seigneur, je n'éprouve pas les douceurs dont vous parlez, je reste dans la Communion, aride, froid, insensible ; je suis comme un aveugle qui n'a jamais vu le soleil. Je voudrais que vous me donniez des signes plus certains, des preuves plus évidentes de votre présence.

La Sagesse. — Moins elle a de signes et de preuves, plus la foi est pure et méritoire. Je ne suis pas dans ce Sacrement une lumière extérieure qui se montre, et qui agit sur les sens ; je suis un bien d'autant plus grand, qu'il est plus intérieur et plus caché. Les êtres grandissent, et tu ne vois leur développement que lorsqu'il est accompli. Ma vertu est secrète ; mes grâces sont insensibles, et l'on reçoit mes dons spirituels sans les sentir et sans les voir. Je suis un pain de vie pour les âmes bien préparées ; un pain inutile pour les négligents ; et pour les indignes, pour ceux qui sont coupables de péchés mortels, une plaie temporelle et une ruine éternelle.

Le Disciple. — Vos paroles, Seigneur, me font comprendre combien il est difficile de se préparer dignement à un si grand Sacrement.

La Sagesse. — Jamais aucun homme sur terre n'a pu me recevoir d'une manière convenable. Si tu avais toute la sainteté des bienheureux et la pureté des anges, tu ne serais pas encore digne de cet honneur. Mais ne te décourage pas pour cela ; fais tout ce que tu peux ; je ne t'en demande pas davantage, et je suppléerai à la faiblesse de l'homme. Un malade doit chasser toute crainte, et obéir aux prescriptions savantes du médecin, jusqu'à ce qu'il soit guéri.

Le Disciple. — Peut-être, Seigneur, qu'il vaudrait mieux, par respect et par prudence, approcher plus rarement de votre Sacrement ?

La Sagesse. — Si tu sens augmenter en toi la grâce et le désir de cette nourriture divine, il faut t'en approcher plus souvent. Si tu crois ne faire aucun progrès en le recevant, et si tu n'éprouves que sécheresse froideur, indifférence, ne te trouble pas ; mais prépare-toi du mieux qu'il te sera possible, et n'abandonne pas la Communion parce que plus tu me seras uni, plus tu t'amenderas ; il vaut mieux communier par amour que s'abstenir par crainte, et le salut de l'âme est plus assuré dans la simplicité de la foi, les sécheresses et les peines intérieures, que dans la douceur et les délices de l'esprit.

Le Disciple. — L'âme ne pourrait-elle pas s'abstenir par crainte, et vous recevoir seulement spirituellement ?

La Sagesse. — Dis-moi, s'il n'est pas plus heureux de recevoir moi et ma grâce, que ma grâce seulement ? Ne vaut-il pas mieux, avec ma grâce, posséder ma présence réelle ?

28

DE LA LOUANGE QU'ON DOIT À DIEU.

Le Disciple. — « Loue le Seigneur, mon âme ; je « louerai le Seigneur toute ma vie !* » Ô Seigneur, qui aidera mon cœur à vous exprimer ce qu'il ressent ? Comment pourra-t-il vous bénir, vous louer avant ma mort, au gré de son désir ? Comment célébrer dignement, pendant ma vie, le Dieu de majesté, qui aime tant mon âme ? Oh ! si de mon cœur s'échappait l'harmonie de tous les instruments de musique ! si ma voix redisait tous les cantiques que Dieu a jamais entendus ! si je pouvais réjouir des accents de ma reconnaissance toute la Cour céleste ! Ô mon Jésus, je suis indigne de vous louer ; et pourtant c'est là l'ambition de mon âme : que le ciel le fasse pour moi, avec ses planètes, ses étoiles, sa lumière, ses splendeurs ; que la terre vous loue avec la beauté de ses roses et la richesse de ses fleurs. Si j'avais les pensées, les désirs des âmes pures et saintes, quand Dieu les illumine des trésors de sa grâce, avec quelle ardeur, ô mon Jésus, ô Sagesse éternelle, je glorifierais votre nom !

Oui, quand vous versez dans mon cœur le sentiment et la

---

* Ps. CXLV, 1.

pensée de votre louange, je languis d'amour, et de bonheur ; et dans mon ivresse, je perds les expressions et la parole, parce que je comprends combien votre souveraine Majesté est au-dessus de toute louange. Je m'adresse, pour me suppléer, aux plus belles créatures du ciel, aux esprits les plus purs et les plus sublimes du paradis ; je vois que l'éternité même est trop petite pour célébrer votre bonté. Que pourraient donc vous dire ma bassesse et mon néant ! L'ordre admirable qui règne dans l'univers, l'espace et ses profondeurs, les forêts, les campagnes, les montagnes et les vallées font retentir à mes oreilles un concert magnifique en votre honneur. J'entends toutes les beautés du ciel et de la terre qui crient : Qu'il est aimable, qu'il est adorable le Dieu qui nous a créées ; aime-le, adore-le, car il est la source de toute beauté. Mais si ce Dieu, si grand, si beau, si sublime, s'unit à ton âme comme à sa bien-aimée, comment pourras-tu ne pas mourir d'amour ? Ô mon Jésus, éternelle Sagesse, consolez-moi et enseignez-moi ce que je dois faire.

La Sagesse. — Que désires-tu ? Est-ce apprendre à me bien louer ?

Le Disciple. — Ah ! Seigneur, pourquoi me provoquer ? Vous connaissez les cœurs, et vous savez bien que le mien s'enflamme au seul désir de vous louer, et que c'est là ma passion depuis mon enfance.

La Sagesse. — Ma louange demande beaucoup de droiture, de justice et de sainteté.

Le Disciple. — Ô très-bon Jésus, ma justice et ma sainteté sont dans votre infinie miséricorde. Je sens bien mon indignité, ma bassesse, et j'avoue que je devrais plutôt pleurer devant vous mes péchés que célébrer vos louanges. Que votre Bonté infinie ne méprise pas un pauvre ver de terre, et qu'elle l'aide à satisfaire son désir. Les anges et les chérubins vous louent à des degrés différents, et, sans votre secours, ils ne le pourraient pas plus que la plus petite créature. Vous n'avez pas besoin de nos louanges ;

mais rien ne fait mieux paraître votre infinie bonté, que d'accueillir les malheureux, et de vous laisser louer par les indignes.

La Sagesse. — Aucune créature ne peut me louer dignement ; et cependant toute créature, petite ou grande, est obligée, dans la mesure de ses forces, de louer son Créateur. Plus je m'unis à l'âme, plus je mérite ses louanges ; et les louanges qui m'honorent davantage sont celles qui ressemblent aux louanges des habitants du ciel. Ces louanges sont dégagées des nuages de la terre ; elles viennent des cœurs unis à moi par une piété véritable et par un amour sincère.

Je suis plus loué et plus réjoui par une méditation, et par un épanchement silencieux du cœur, que par tous les cantiques que pourraient faire entendre la bouche et les lèvres. Une âme qui se méprise elle-même, qui ne veut être ni estimée, ni connue ; qui se met au-dessous de tout le monde, et qui se plaît dans cet abaissement, me charme plus que tous les concerts et les harmonies qu'on pourrait faire entendre. C'est cette louange surtout que j'adressais à mon Père lorsque j'étais attaché à la Croix, défiguré, humilié, injurié et dans les angoisses de la mort.

La louange qui ne vient pas du cœur me déplaît, et je refuse celles qu'on m'adresse dans la prospérité, et qui tarissent dans le malheur. La louange véritable qui fume et s'élève vers moi comme un encens de bonne odeur, est celle que disent à la fois le cœur, les paroles et les actes ; et cela aussi bien dans les choses contraires que dans les moments heureux. Car celui qui me loue dans les choses contraires prouve qu'il m'aime réellement plus que lui-même ; et c'est là pour moi la louange la plus parfaite.

Le Disciple. — Très-miséricordieux Jésus, je ne vous demande pas des croix et des afflictions, et je cherche même à les éviter ; cependant, avec l'aide de votre grâce toute-puissante, je m'abandonne à vous du fond de mon cœur, et je m'offre pour être l'instrument de votre éternelle louange ; je sais bien que le renoncement total et parfait de moi-même est au-dessus de mes forces et ne peut venir que de vous. S'il vous plaît donc, Seigneur, que je sois le plus méprisé des hommes, qu'on m'injurie, qu'on me crache au visage et qu'on me fasse mourir dans les supplices ; avec votre secours, je supporterai tout pour la gloire de votre nom, lors même que je serais innocent ; et si je suis coupable, j'accepterai tous mes tourments pour satisfaire votre justice, qui me sera toujours plus chère que mon propre honneur.

Ainsi, je me livre à tout ce que décidera votre miséricorde, et je m'écrierai vers vous, comme le bon larron, du milieu de mes douleurs : « Oui, Seigneur, j'ai bien mérité ce que je souffre, tandis que vous, vous n'avez rien fait de mal ; Seigneur, souvenez-vous de moi dans votre royaume.* » Et si maintenant ma mort pouvait vous honorer, je ne voudrais pas qu'elle fût différée d'un instant. Je ne désire qu'une chose, c'est que les années, les mois, les semaines, les jours, les heures, les minutes de ma vie célèbrent vos louanges, comme elles le font dans les splendeurs des saints ; et cela non pas une fois, cent fois, mille fois mais autant de fois qu'il y a d'étoiles au ciel et qu'on aperçoit d'atomes dans les rayons du soleil. Ainsi je voudrais faire si j'avais à vivre la longue vie des patriarches ; et si, en quittant la terre, vous me laissiez pendant cinquante ans dans les flammes du purgatoire, je me réjouirais, parce que chacune de mes souffrances vous louerait, vous honorerait. Je me prosternerais à vos pieds et je vous dirais : « Béni soit le feu du purgatoire par lequel votre gloire s'accomplit en moi.† »

Oui, Seigneur, je ne me compte pour rien ; c'est vous seul et votre bon plaisir que je désire, que j'aime, que je recherche ; et même, si pour la gloire de votre nom je tombais en enfer, si j'en souffrais les tourments, si j'étais privé de votre contemplation bienheureuse, je ne m'en plaindrais pas, pourvu que je pusse, par

---

* Luc XXIII, 41.
† Ps., VI, 6.

mes douleurs, expier tous les péchés du monde, toutes les injures qui vous ont été faites, et adorer, glorifier votre Bonté infinie et votre souveraine Majesté ; vos louanges sortiraient encore de l'abîme et de mon cœur brisé ; elles rempliraient l'enfer, la terre, l'air, et s'élèveraient vers vous jusque dans le ciel. Mais en enfer, qui est-ce qui vous bénira ?

Faites donc de moi, ô mon Jésus, tout ce que demandera votre gloire, votre honneur ; je vous en louerai jusqu'à mon dernier soupir ; et lorsque la mort éteindra ma voix, je veux que les mouvements de mon corps, de mes mains, les battements de mon cœur continuent vos louanges, et que mon dernier souffle vous dise encore et toujours : Saint, saint, saint, *Sanctus, sanctus, sanctus*. Lorsque ma chair sera réduite en poussière, que tous les grains de cette poussière tressaillent de vos louanges, qu'ils soient emportés dans les déserts, dans les espaces, et jusqu'en votre présence, dans le ciel, et qu'ils ne s'arrêtent point jusqu'au dernier jour du monde.

La Sagesse. — Persévère dans ces saints désirs de ma louange : ton zèle m'est agréable. Que ta bouche me loue afin d'y exciter ton cœur ; commence dès cette vie ces cantiques sans fin que tu continueras dans l'autre.

Le Disciple. — Je le désire tant. Seigneur, que je ne voudrais pas vivre un seul instant sans vous louer. Combien de fois me suis-je plaint, pendant la nuit, de la fuite du temps ! Pourquoi, disais-je au ciel, précipiter ainsi ta course ? Arrête-toi un peu, et prolonge les ténèbres, afin que je puisse satisfaire mon désir et rester encore à louer mon doux Sauveur. Et lorsqu'il m'arrive d'être distrait pour quelque temps de vos louanges, et que je reviens ensuite à moi, il me semble qu'il y a des années que je n'ai loué Jésus. Applique-toi donc à le louer sans cesse, mon pauvre cœur ! Mais vous, éternelle Sagesse, apprenez-lui à toujours continuer, à ne jamais interrompre.

La Sagesse. — Celui qui évite toujours le péché et pratique la vertu, me loue sans cesse. Mais puisque tu désires connaître une louange plus parfaite, apprends que toute âme pure et remplie par la méditation des choses du ciel, une âme libre de tout défaut et affranchie de tout désir, une âme élevée au-dessus de la terre, et qui goûte une telle paix dans ma Divinité, qu'elle ne pense qu'à me rester unie, cette âme me loue toujours, parce que ses sens sont absorbés dans la lumière qui l'environne, et que sa forme terrestre s'est revêtue de la nature spirituelle des anges. Quoi qu'elle fasse intérieurement ou extérieurement, soit qu'elle médite, qu'elle prie, qu'elle travaille, qu'elle mange, qu'elle dorme ou qu'elle veille, sa moindre action est une louange pure et agréable à Dieu.

Le Disciple. — Que vous m'apprenez doucement, Seigneur, à vous louer d'une manière parfaite. Mais dites-moi quelle sera l'occasion, le sujet de mes louanges et de mes bénédictions.

La Sagesse. — Ne suis-je pas la source infinie de tout bien, et n'est-ce pas de moi que découle le bonheur de toutes les créatures ?

Le Disciple. — Seigneur, votre bonté surpasse mon intelligence. Que les cèdres du Liban, que les esprits angéliques la célèbrent. Mais moi, qui ne suis que misère et bassesse auprès d'eux, je ne puis louer cette source première de tout bien, et adorer comme elle le mérite votre essence infinie. Dans le désir que j'ai de le faire, je rappellerai aux anges leur dignité et l'excellence de leur nature ; plus ils se sentiront élevés dans la gloire, plus ils seront portés à célébrer par des louanges magnifiques votre souveraine Majesté. Je serai pour eux comme l'oiseau criard qui provoque les chants du rossignol.

Je me recueillerai en moi-même ; j'y contemplerai les bienfaits que vous avez versés dans mon âme, et je vous bénirai, je vous rendrai de ferventes actions de grâces. Oui, lorsque je me rappelle de combien de maux et de dangers vous m'avez délivré, je comprends combien je vous dois ; et je m'étonne de ne pas m'épuiser en cantiques de reconnaissance. Oh ! que vous avez été patient à m'attendre ; que vous avez été indulgent à me recevoir ; que vous avez été doux dans vos appels intérieurs ; que vous avez été tendre pour m'attirer et m'attacher à vous, malgré mes résistances et mon ingratitude ! Comment ne pas vous louer de toute l'ardeur de mon âme pour tant de bienfaits ! Oui, Seigneur, je désire vous louer comme les anges, lorsqu'ils se virent confirmés dans la grâce après la chute des esprits rebelles ; comme les âmes du purgatoire, lorsqu'au moment de leur délivrance, elles entrent dans le ciel et commencent à jouir de votre présence. Je voudrais avoir, pour vous bénir, les cantiques que vous chanteront les élus dans la Jérusalem céleste, lorsque le dernier jugement les aura séparés des réprouvés, et qu'ils se verront enfin assurés de leur éternité bienheureuse. Mais, Seigneur, dites-moi comment je dois rapporter à votre gloire les mouvements de la nature, bons ou indifférents.

La Sagesse. — L'homme ne peut, dans cette vie mortelle, discerner la nature de la grâce, et il doit, dès qu'il ressent dans son corps ou dans son âme quelque joie, quelque plaisir, se recueillir aussitôt en lui-même et les rapporter à Dieu, afin qu'il les purifie et qu'il les tourne à sa gloire. Il les transformera, car il est le Seigneur de la nature et de la grâce ; et par ce moyen, la nature s'élèvera au-dessus d'elle-même et se changera en grâce.

Le Disciple. — Mais ce qui m'afflige, Seigneur, et me distrait de votre louange, ce sont les suggestions du démon, les tentations d'impiété, de blasphème, d'infidélité, les pensées mauvaises et honteuses qu'il sème dans mon âme ; apprenez-moi comment je dois les rapporter à votre louange.

La Sagesse. — Dans toutes les tentations de ton ennemi, tourne-toi vers Dieu, et dis-lui : Seigneur, toutes les fois que les esprits mauvais me tentent, je veux vous louer comme ils vous auraient loué s'ils avaient persévéré dans le bien ; je suppléerai ainsi aux honneurs dont vous a privé leur chute.

Le Disciple. — Il est bien vrai, Seigneur, que tout profite à ceux qui vous aiment, puisque les tentations des démons mêmes leur servent et les aident à vous bénir. Quelles louanges vous rendrai-je donc pour toutes les beautés et les magnificences qui remplissent le monde ?

La Sagesse. — Quand tu verras cette vie, cette activité des populations, la force et la grâce des hommes et des femmes, pense à Dieu, et dis-lui du fond de ton cœur : Ô mon Jésus, puisse vous saluer et vous louer pour moi la multitude innombrable des beaux anges qui vous entourent et vous servent ! puissent vous glorifier pour moi les désirs et les ardeurs des saints, et cette harmonie sublime de toutes les créatures qui remplissent l'univers !

Le Disciple. — Ô Sagesse infinie, que vous réjouissez, que vous dilatez mon cœur, en m'apprenant ainsi à vous louer ! Quand viendra le jour dernier qui finira mon exil ? Quand vous adresserai-je avec les saints les cantiques parfaits dont rien ne troublera le charme et la durée ? C'est là le besoin qui me dévore ; car comment ne pas aspirer à vous, ô mon Jésus, l'unique joie de mon cœur ? Y a-t-il un homme dans le monde, quand il aime, qui ne fasse tous ses efforts pour atteindre et posséder l'objet de son amour ? Vous savez, ô mon très-doux Jésus, que je m'abandonne à vous ; mon âme n'aime que vous, ne cherche que vous, ne veut que vous, et quand elle ne vous trouve pas, il faut bien qu'elle pleure et qu'elle se tourmente.

La Sagesse. — Entre donc pour te consoler dans le parterre de mes louanges. N'est-ce pas le prélude, l'avant-goût du bonheur éternel, que de me louer toujours dans la joie et la paix de ton cœur ? Rien n'est comparable à mes louanges pour éclairer l'intelligence, adoucir les croix, vaincre les esprits mauvais, chasser la tristesse et l'ennui, rendre tranquilles et heureuses les âmes. Si tu me loues par tes paroles, tes chants, tes inspirations, tes méditations et tes œuvres, tu effaceras tes péchés ; tu t'enrichiras de mes grâces ; tu édifieras ton prochain ; tu consoleras les âmes du purgatoire ; tu auras les anges pour compagnie ; tu seras mon bien-aimé ; ta mort sera sainte et heureuse comme ta vie.

Le Disciple. — Que mon cœur soit donc une flamme ardente qui se consume à vous louer, qui s'unisse à l'amour de tous les saints, de tous les séraphins du ciel, et à cette charité infinie que Dieu le Père ressent pour vous, qui êtes son Fils unique et bien-aimé !

29
COMMENT DIEU EST UNE ESSENCE TRÈS-SIMPLE.

Le Disciple. — Enseignez maintenant à votre disciple, éternelle Sagesse, comment il doit se résigner et se reposer en Dieu. Dites-moi, je vous en prie, quel est le moyen d'atteindre ce but si élevé.

La Sagesse. — Une âme ne peut retourner à son origine si elle ne comprend d'abord l'unité de Dieu, c'est-à-dire que Dieu est le principe nécessaire et premier de tout être, qu'il est une essence incompréhensible et sans nom. Car ce qui ne peut se comprendre ne peut être nommé. Tout ce que notre intelligence créée affirme de Dieu et lui attribue n'est rien ; la négation peut seule le définir ; parce que Dieu n'est aucune de ses créatures, mais une essence infinie, impénétrable, supérieure à tout ce qu'il a fait ; un esprit qui a la plénitude de l'être se comprend seul, et qui est en lui et par lui-même le principe et la fin de toutes choses. C'est dans cet océan que commence et que finit l'homme juste et résigné ; il s'oublie et se perd en Dieu par un abandon surnaturel et parfait.

Le Disciple. — Mais si Dieu est une essence simple, d'où vient que nous lui donnons les noms de Sagesse, de Bonté, de

Justice et de Miséricorde ? comment cette multiplicité se montre-t-elle avec cette unité d'essence ?

La Sagesse. — Cette multitude d'attributs dans l'Être divin n'est autre qu'une unité parfaite.

Le Disciple. — Qu'est-ce que l'Être divin ?

La Sagesse. — C'est la source d'où découlent les émanations et les communications divines.

Le Disciple. — Quelle est cette source, Seigneur ?

La Sagesse. — La nature même et l'essence de la Divinité : et dans cet abîme infini, la trinité des personnes se résume dans son unité car en elle il n'existe point de multiplicité ni d'actions extérieures, la nature divine étant simple et comme une obscurité agissant immuablement sur elle-même.

Le Disciple. — Mais quelle est l'origine première des communications divines ?

La Sagesse. — La faculté, la vertu toute-puissante.

Le Disciple. — Qu'est-ce que cette vertu, cette faculté ?

La Sagesse. — La nature divine, dans laquelle le Père est le principe de l'être, de la génération et de l'opération.

Le Disciple. — Dieu et la Divinité, est-ce une même chose ?

La Sagesse. — La même chose ; mais la Divinité n'engendre pas, n'opère pas, tandis que Dieu opère et engendre ; ce qui vient de la diversité des personnes, que l'intelligence distingue de l'essence divine ; mais au fond, c'est une même chose puisque dans la nature divine il n'y a que l'essence divine ; et les relations des personnes n'ajoutent rien à cette essence quoiqu'on les distingue entre elles. La nature divine n'est pas plus simple en elle-même que le Père, le Fils, ou le Saint-Esprit, qu'elle comprend ; l'imagination vous égare dans la contemplation de ces mystères, parce que vous les examinez d'après les choses créées.

Le Disciple. — Ô abîme incompréhensible de simplicité ! Mais, dites-moi, éternelle Sagesse, qu'étaient les créatures en Dieu avant leur création ?

La Sagesse. — Elles étaient comme dans leur exemplaire éternel.

Le Disciple. — Qu'est-ce que cet exemplaire éternel ?

La Sagesse. — C'est l'essence éternelle de Dieu en tant qu'elle se montre par communication, et qu'elle se fait connaître à la créature : dans l'idée éternelle, les créatures ne sont pas distinctes de Dieu ; elles participent à son essence, à sa vie, à sa puissance ; elles sont Dieu en Dieu ; elles se confondent avec Dieu et ne sont pas moindres que lui ; mais dès qu'elles sortent de Dieu par la création, elles ont une forme, une substance, une essence particulière et distincte de Dieu ; et ainsi, dans leur écoulement de Dieu elles ont Dieu pour principe, et, comme créatures, elles le reconnaissent pour Créateur.

Le Disciple. — L'essence de la créature est-elle plus noble et plus élevée en Dieu qu'en elle-même ?

La Sagesse. — L'essence de la créature en Dieu n'est pas créature. La création est plus utile à la créature que l'essence qu'elle avait en Dieu, car la créature ne se confond plus éternellement avec Dieu ; mais Dieu, par la création, ordonne divinement toutes les créatures ; elles regardent naturellement leur principe, et comme elles sortent de Dieu, elles retournent à Dieu.

Le Disciple. — D'où naissent donc, Seigneur, le péché, l'iniquité, l'enfer, le purgatoire, les démons, si toute créature vient de Dieu et retourne à Dieu ?

La Sagesse. — La créature intelligente et raisonnable devait revenir à Dieu son principe ; mais elle resta en elle-même par un acte insensé de son orgueilleuse volonté : de là les démons, l'enfer et toute malice.

30

COMMENT L'HOMME DOIT RETOURNER À DIEU.

Le Disciple. — Comment doit faire celui qui est sorti de Dieu pour retourner à Dieu et pour reconquérir sa félicité perdue ?

La Sagesse. — Son moyen est Jésus-Christ, vrai Dieu et vrai homme, qui, par sa dignité incompréhensible et par l'efficacité de sa Passion et de sa mort, a fondé les mérites des saints, et est devenu le chef de l'Église. Celui qui veut retourner à Dieu et devenir le fils du Père éternel, doit se quitter lui-même et se convertir entièrement en Jésus-Christ, afin d'arriver à l'union béatifique de la gloire.

Le Disciple. — Et quelle est cette conversion parfaite en Dieu par Jésus-Christ ?

La Sagesse. — Écoute bien ce que je vais dire : L'homme devait habiter dans son centre, qui est Dieu ; il en est sorti par un amour exclusif de lui-même et des créatures ; il a ainsi usurpé ce qui était au Créateur. Il s'est ravi lui-même à Dieu dans son aveuglement, et il s'est répandu criminellement dans les créatures ; aussi, pour se rendre à Dieu, il doit : 1° se pénétrer du néant de son essence, qui, séparée de la vertu toute-puissante de Dieu, n'est absolument rien ; 2° considérer sa nature produite et conservée dans l'être de Dieu, mais malheureusement souillée par sa propre malice ; et cela, afin de la ramener à Dieu après l'avoir domptée et purifiée ; 3° se relever par une haine généreuse de soi-même ; se détacher de la multiplicité des amours créés ; se renoncer parfaitement et s'abandonner à Dieu et à son bon plaisir en toute chose, dans la joie comme dans la souffrance, dans le travail comme dans le repos.

Ce renoncement doit être fait de manière à ne jamais se reprendre à Dieu, à être si étroitement uni d'esprit à Jésus-Christ, qu'on puisse voir et faire tout en lui et par lui, et qu'on puisse dire avec saint Paul : « Je vis, mais ce n'est plus moi, c'est Jésus-Christ qui vit en moi.* »

C'est là ce que veut dire le renoncement de soi-même en Dieu ; ainsi donc, laisse-toi, abandonne-toi toi-même, non pour détruire et anéantir ta nature, mais pour t'en ôter la propriété et te mépriser souverainement par amour de Dieu : c'est ainsi que tu deviendras heureux.

Le Disciple. — Comment cela, Seigneur ?

La Sagesse. — Parce que tu goûteras les délices du paradis et que tu jouiras, non pas en réalité, mais par ressemblance, de la félicité suprême des saints, qui sont tellement à Dieu qu'ils ne pensent jamais à eux-mêmes.

Le Disciple. — Quel est l'état des saints dans le ciel ?

La Sagesse. — C'est une ivresse divine et ineffable : de même que l'homme ivre s'oublie et n'est plus maître de lui-même, de même les saints s'abandonnent tellement à Dieu qu'ils perdent en lui toute propriété ; qu'ils ne peuvent plus se reprendre ; qu'ils vivent avec Dieu, transformés pour toujours en Dieu, comme une goutte de vin qui, jetée dans l'Océan, perd son goût, sa couleur, et se confond avec l'immensité qui la reçoit.

---

* Gal. II, 20.

Le Disciple. — Les saints perdent donc en Dieu leur nature et leur essence ?

La Sagesse. — Non, mais en Dieu ils ne ressentent aucun désir humain ; ils perdent complètement l'usage de leur volonté : ils sont abîmés dans la volonté divine, et ne peuvent vouloir que ce que Dieu veut. Leur nature et leur essence restent les mêmes ; mais elles revêtent une autre forme, une autre gloire, une autre vertu ; car ils sont unis à l'essence divine, et deviennent une même chose avec elle, non par nature, mais par grâce. Une lumière ineffable et une vertu toute-puissante leur font vouloir ce que Dieu veut. Ces dons précieux sont accordés à tous les bienheureux en récompense de leur renoncement parfait et de leur abandon total en Dieu.

Le Disciple. — Ô mon Jésus, ce renoncement est plus admirable qu'imitable. Qui peut ici-bas ne jamais penser à soi et rester indifférent à la prospérité comme au malheur ? Il est trop difficile, dans cette vie mortelle, d'aimer purement pour Dieu, sans ressentir la moindre inclination propre, et sans jamais consulter sa volonté.

La Sagesse. — Je ne t'appelle point au renoncement des saints que vous ne pouvez pas même comprendre parce que les nécessités et les imperfections de la nature vous en empêchent ; mais apprends du moins que le renoncement de mes vrais serviteurs est une imitation de celui des saints du paradis. J'ai, parmi mes élus, des âmes pieuses qui vivent dans un oubli complet du monde et d'elles-mêmes, et qui conservent leur vertu stable, immuable, et, pour ainsi dire, éternelle comme Dieu. Elles sont déjà par la grâce transformées dans l'image et dans l'unité de leur principe, et comme Dieu ne peut agir pour d'autres que pour lui, elles ne pensent, elles n'aiment, elles ne veulent d'autre chose que Dieu et son bon plaisir. Cet état d'union et de renoncement est complet dans le paradis, mais sur terre il se rencontre parmi mes plus fervents adorateurs à des degrés différents, selon les trésors de ma grâce.

31

EN QUOI CONSISTE LE VÉRITABLE RENONCEMENT.

Le Disciple. — Dites-moi, éternelle Sagesse, comment souffrent et meurent vos serviteurs qui sur la terre se renoncent parfaitement en Dieu. Je suis persuadé qu'ils mènent une vie très-pure, qu'ils observent les conseils de l'Évangile, et qu'ils tendent toujours à ce qui est le plus parfait.

La Sagesse. — On ne peut se renoncer en Dieu que par l'observation complète de la loi et par une très-grande pureté de cœur. Car celui qui s'aime et qui aime les créatures, n'a pas la pureté de mon amour et ne pourra jamais renoncer à sa volonté. Mais mes serviteurs vivent toujours de la manière la plus parfaite, détachés d'eux-mêmes au dedans et au dehors, et libres de toute propriété de corps et d'esprit. Dans les épreuves, ils sont tellement forts et constants, qu'ils méprisent la souffrance et qu'ils ne la comptent pour rien. Ils sont tellement bien disposés à la mort, que non-seulement ils la reçoivent avec soumission des mains de Dieu, mais qu'ils l'aiment, qu'ils la désirent plus que tous les trésors du monde, et qu'ils ne voudraient pas un seul moment d'existence en dehors de ma volonté.

Le Disciple. — Pour marcher ainsi dans la voie parfaite du

renoncement, quelle est la chose principale, la contemplation, ou l'action ?

La Sagesse. — Ces deux choses ne doivent point se séparer : à quoi sert de rechercher ce qu'est la vertu, l'union et le renoncement, si l'on ne combat pas la nature, si l'on ne l'affranchit du péché en domptant ses passions et en mettant en pratique la vérité même ?

Plus on étudie alors, plus on se perd, parce qu'on se complaît dans sa science, parce qu'on ne veille pas sur soi, et qu'on arrive à une fausse liberté qui charme et qui égare.

Le Disciple. — Ceci est l'abus de la science, et il n'est pas étonnant que beaucoup de savants se perdent. Mais on ne peut abuser de l'austérité de la vie et des rigueurs d'une sainte pénitence.

La Sagesse. — Certainement, lorsque l'extérieur correspond à l'intérieur ; mais il est des personnes qui sont très-mortifiées à l'extérieur, et qui ne se renoncent pas en Dieu.

Le Disciple. — La souffrance cependant est une imitation de Jésus-Christ et de sa Croix ?

La Sagesse. — Il serait plus vrai de dire une apparence de l'imitation de la Croix. Ces personnes ne veulent pas se conformer à la vie de Jésus-Christ qui fut la douceur et l'humilité mêmes ; elles blâment et jugent leur prochain avec une facilité extrême ; elles méprisent et condamnent tous ceux qui ne vivent pas comme elles ; et si l'on veut les connaître, l'on n'a qu'à les blesser dans leur volonté et leur réputation ; on les trouve alors pleines d'orgueil et dans une inquiétude continuelle. Il est bien évident qu'elles n'ont pas le renoncement chrétien, et qu'elles n'ont jamais appris à s'abandonner réellement à Dieu, qu'elles ne meurent point à elles-mêmes et à leurs propres désirs ; sous les dehors d'une vie austère, elles ont conservé toute la vivacité de leurs passions ; elles nourrissent et développent leur propre volonté.

32
COMMENT L'ÂME DEVIENT UNE MÊME CHOSE AVEC DIEU.

Le Disciple. — D'où vient donc le véritable renoncement intérieur et extérieur des élus en Dieu, dans une unité parfaite ?

La Sagesse. — De la génération et de la filiation de Dieu ; tous mes vrais serviteurs étant fils de Dieu, puisqu'il est dit dans saint Jean : « Il a donné le pouvoir de devenir fils de Dieu à tous ceux qui sont nés de Dieu,* » ils participent par la grâce à la nature et à l'action de Dieu ; car toujours le Père produit un fils semblable à lui dans la nature et dans l'action. Le juste qui se renonce en Dieu par cette union avec Dieu, qui est éternel, triomphe du temps et possède une vie bienheureuse qui le transforme en Dieu.

Le Disciple. — Mais je ne comprends pas comment tant de créatures distinctes ont en Dieu une seule existence. Il y a toujours l'infini entre le juste et Dieu, entre la créature et le Créateur.

La Sagesse. — Mon fils, si tu raisonnes d'après les sens, et si tu veux parvenir à la vérité par la science naturelle, tu ne seras

---

* Jean I,12.

jamais capable de saisir ce que tu me demandes ; car la Vérité divine se comprend mieux en ne l'étudiant pas qu'en l'étudiant. Le temps et l'éternité en Dieu sont une seule et même chose ; et l'être temporel de la créature dans la nature et l'essence de Dieu n'a plus de diversité ; élève-toi au-dessus des sens, et tu comprendras ce que tu désires.

Le Disciple fut ravi hors de lui-même, et vécut douze semaines privé de ses sens extérieurs et de leurs opérations. Il ne savait plus s'il était dans le monde ou hors du monde, parce que, dans cette vision, il ne comprenait et ne sentait qu'un Dieu unique et simple, sans distinguer la multitude et la variété des créatures. Quand finit la vision, la divine Sagesse lui dit :

La Sagesse. — Qu'est-il arrivé, mon ami ? où es-tu, et qu'as-tu compris ? Ne t'ai-je pas dit la vérité ?

Le Disciple. — Oui, Seigneur, il est certain que je ne l'aurais jamais si bien comprise, si je ne l'avais pas éprouvée ; il me semble maintenant que je sais où tend et où aboutit la vie d'une âme qui s'est parfaitement renoncée en vous-même. Les sens saisissent beaucoup de choses distinctes, et l'esprit n'y voit en Dieu aucune différence.

La Sagesse. — Cela est vrai parce que l'âme par, la voie du renoncement parfait peut arriver à se perdre en Dieu avec un avantage infini ; à s'ensevelir dans la divine Essence, où elle ne se distingue plus de Dieu, qu'elle ne connaît plus par les images, la lumière et les formes créées, mais par lui-même. Maintenant, tu crois comprendre Dieu, lorsque tu le nommes Esprit suprême, Intelligence très-pure, Essence, Bonté, Vertu, Amour et Bonheur ; mais tu es plus éloigné de comprendre Dieu que la terre n'est éloignée du ciel.

Il n'y a qu'en arrivant au centre de la Divinité, qui est l'unité de toutes choses, qu'on pénètre et qu'on comprend Dieu sans le comprendre, parce qu'on le comprend d'une manière incompréhensible, et que l'âme ne se distingue plus de Dieu ; mais tu es incapable de ce changement merveilleux où l'âme, dans l'abîme de la Divinité, se transforme dans l'unité de Dieu pour se perdre elle-même et se confondre avec lui, non quant à la nature, mais quant à la vie et aux facultés.

Pour celui qui entre dans l'Éternité, plus de Passé, plus de Futur : le Présent seulement ; pour celui qui se transforme dans l'unité de Dieu, plus de distinction : un seul être, une seule jouissance. Mais cette grâce d'une union parfaite, immuable, éternelle, est le partage, la félicité des bienheureux. Vous ne pouvez vous désaltérer à ces sources de gloire pendant votre pèlerinage ; vous en recevez à peine quelques gouttes comme arrhes de ce qui vous est destiné.

Le Disciple. — Ô douce Sagesse, dans cet état quelle sera l'action de l'homme avec Dieu ? Perdra-t-il ses puissances et ses opérations ?

La Sagesse. — Non, mais quand l'homme s'abîme tout entier dans son union avec Dieu, et devient une même chose avec lui, il ne perd pas plus ses puissances qu'il n'a perdu sa nature ; il n'agit plus comme un homme, parce qu'il voit et qu'il saisit tout dans l'Unité infinie. Les philosophes considèrent les choses comme dépendantes de leur cause naturelle ; mes serviteurs s'élèvent plus haut, et les considèrent comme sorties de Dieu : ils ramènent l'homme en Dieu après sa mort, pourvu que pendant sa vie il se soit conformé à la volonté de Dieu ; et, dans ce changement divin, dans cette unité suprême, ils se considèrent eux-mêmes avec toutes les créatures comme ils y étaient dans l'Éternité.

Le Disciple. — L'homme peut-il alors se regarder comme créature, si, dans l'Éternité et en Dieu, il n'est autre que Dieu ? La même nature ne peut être à la fois créée et incréée.

La Sagesse. — Dans cette union, l'homme sait qu'il est créature ; que, quand il n'était pas, il était conforme à son idée en Dieu, et qu'il n'était autre que Dieu, ainsi que le dit saint Jean :

« Ce qui a été fait, était la vie en lui.* » Je ne dis pas que l'homme soit créature en Dieu, parce que Dieu n'est pas autre que trinité et unité ; mais je dis que l'homme qui est en Dieu d'une manière supérieure et ineffable, devient une même chose avec Dieu, en retenant cependant son être particulier et naturel, il ne le perd pas, mais il en jouit divinement ; et il vit d'une manière parfaite, puisqu'il ne perd pas ce qu'il a et qu'il acquiert ce qu'il n'a pas, c'est-à-dire une existence divine.

Aussi, l'âme en Dieu reste créature ; mais dans cet abîme de la Divinité où elle se perd, elle ne pense pas si elle est ou si elle n'est pas créature : elle prend sa vie en Dieu, son essence, sa félicité, tout ce qu'elle est ; et, se tenant ainsi fixée et immobile en lui, sans rien dire d'elle-même, elle se tait, et se repose dans cet Océan du bonheur infini, ne connaissant d'autre essence que celle qui est Dieu. Quand l'âme sait voir et contempler Dieu, elle sort pour ainsi dire de Dieu, et se retrouve elle-même dans l'ordre naturel. C'est cette connaissance de Dieu qu'on appelle *la connaissance du soir*, parce que la créature se distingue de Dieu tandis que dans *la connaissance du matin* elle connaît en Dieu sans image, sans diversité, comme est Dieu en lui-même.

Le Disciple. — S'il n'y a aucun rapport entre Dieu et l'âme, comment y a-t-il union ?

La Sagesse. — L'essence de l'âme s'unit à l'essence de Dieu, les puissances et les forces de l'âme à l'action de Dieu ; et alors l'âme comprend qu'elle est unie avec Dieu dans son être infini, dont elle jouit elle-même.

Le Disciple. — L'homme dans cette vie peut-il arriver à cette union ?

La Sagesse. — Oui ; non par les forces de son intelligence, mais par ce ravissement divin qui emporte l'âme au-delà du temps.

---

* Jean, I, 3.

Le Disciple. — Et dans ce ravissement peut-il pécher ?

La Sagesse. — S'il revient à lui, il peut pécher ; mais il ne pèche pas dans cette union, comme il est dit dans saint Jean : « Celui qui est né de Dieu, ne connaît pas le péché, parce que la semence de Dieu est en lui.* »

Le Disciple. — Et quelle est son action dans une union si élevée ?

La Sagesse. — Il n'y en a qu'une possible, parce que la base de son union est une, comme l'essence divine.

Le Disciple. — Il perd alors l'intelligence et la volonté ?

La Sagesse. — Non, mais il ne les possède que sous l'influence et l'action de Dieu.

Le Disciple. — Comment expliquer que l'âme en Dieu se perd tout entière ?

La Sagesse. — Elle ne comprend et ne veut d'autre chose que Dieu, et dans son union elle ne voit rien de créé : elle ne se replie pas sur elle-même, elle ne se réfléchit pas dans sa propre intelligence et dans sa volonté ; mais elle est toute ensevelie dans l'abîme de la Divinité : là elle se tait, elle dort, elle se repose avec une douceur ineffable ; et alors on peut dire en vérité qu'elle se perd elle-même, non quant à la nature, mais quant à la propriété de ses puissances ; puisqu'elle ne peut comprendre et vouloir tantôt une chose, tantôt une autre, et qu'elle ne peut désirer réellement que Dieu. Et c'est là sa parfaite liberté ; car elle ne veut et ne peut vouloir que Dieu, c'est-à-dire qu'elle ne veut jamais le mal, et qu'elle veut toujours le bien. C'est pourquoi saint Augustin dit : « Ôtez tel ou tel bien, et voyez le bien en lui-même, si vous le pouvez : c'est le bien suprême, auquel nous tendons. »

---

* I Ép. de saint Jean III, 9.

33
DE LA VIE DU JUSTE QUI SE RENONCE EN DIEU.

Le Disciple. — Dites-moi maintenant, je vous en conjure, ô suprême Sagesse, comment vit parmi les hommes, le juste qui s'est renoncé en Dieu ; comment se comporte-t-il dans les circonstances et les choses de chaque jour ?

La Sagesse. — Il est mort à lui-même, à ses défauts et à toutes les choses créées ; il est humble avec tous, et se met volontiers au-dessous de tous ses semblables. Et dans l'abîme de la Divinité, il comprend tout ce qu'il convient de faire ; il reçoit toute chose comme elle est en elle-même, et comme Dieu le veut. Il est libre dans la loi parce qu'il observe ma volonté par amour, sans crainte et sans peur.

Le Disciple. — Celui qui par le renoncement intérieur, vit en Dieu et dans sa volonté, n'est-il pas affranchi aussi des exercices spirituels extérieurs ?

La Sagesse. — Quelques-uns seulement arrivent à ce point sans détruire leurs forces ; car l'effort continuel qu'on fait pour se renoncer en Dieu et pour se mortifier en toutes choses, use bientôt les ressorts de la vie.

Évite un semblable épuisement, et suis les exercices spirituels communs ; qu'il te suffise de savoir ce que tu dois et ce que tu ne dois pas faire.

Le Disciple. — Quelle est donc l'œuvre principale de l'homme qui s'est renoncé en Dieu ?

La Sagesse. — Son renoncement et son action est de vivre dans un abandon total de lui-même en Dieu. C'est là un repos saint et parfait, parce qu'en agissant ainsi, on se repose en Dieu ; et en s'y reposant, on agit merveilleusement, puisque le renoncement en Dieu est un acte d'amour et de vertu parfaite.

Le Disciple. — Quels sont ses rapports et ses conversations avec son prochain ?

La Sagesse. — Il vit familièrement avec tous les hommes sans en conserver l'image et le souvenir ; il les aime sans attachement, sans amour ; et il compatit à leurs peines sans anxiété, sans inquiétude.

Le Disciple. — S'il vit si purement à l'intérieur et à l'extérieur, est-il forcé de se confesser ?

La Sagesse. — La confession qui se fait par amour est plus excellente que celle qui se fait pour des fautes.

Le Disciple. — Comment fait-il oraison et offre-t-il à Dieu ses prières ?

La Sagesse. — Son oraison est très-efficace parce que, Dieu étant esprit, elle vient de l'esprit. Il recherche avec soin si dans son intérieur il y a quelque obstacle d'images, d'apparences et d'attachement, et s'il s'appartient encore par quelque sentiment qui l'éloigne de Dieu ; et en s'examinant ainsi, en s'expropriant en dégageant ses sens de toute image et de toute affection humaine, il offre des prières pures, et s'oublie lui-même pour ne penser qu'à la gloire de Dieu et au salut des âmes. Toutes ses puissances supérieures sont remplies d'une lumière divine, qui le rend certain que Dieu est sa vie, son essence, tout son bien ; que

Dieu agit en lui, et qu'il n'est seulement que son instrument, son adorateur, son coopérateur.

Le Disciple. — Comment mange-t-il et dort-il ?

La Sagesse. — Dans la partie extérieure, il mange, il dort, il satisfait à toutes les nécessités de la vie comme le font les autres hommes ; mais dans la partie intérieure, il ne sait s'il mange, s'il dort, et il ne fait aucune attention aux besoins de son corps ; sans cela, il jouirait de la nourriture, et il se reposerait dans la partie basse et animale de son être.

Le Disciple. — Quelle est sa conversation avec les hommes ?

La Sagesse. — Il n'a pas beaucoup de formes et d'usage ; il parle peu et simplement. Sa conversation est toujours bienveillante ; tout ce qu'il dit sort de lui sans effort, et ses sens restent dans le calme et la paix.

Le Disciple. — Tous vos serviteurs sont-ils également détachés d'eux-mêmes ? Ne s'écartent-ils jamais de la vérité, et ne sont-ils pas entraînés quelquefois dans de fausses opinions ?

La Sagesse. — Il y a des degrés dans leur détachement, mais ils se ressemblent tous pour l'essentiel. Quand ils se relâchent, ils ont des opinions comme les autres ; mais quand ils s'élèvent au-dessus d'eux-mêmes, en Dieu, qui est la Vérité suprême, ils vivent dans la plénitude de la science, sans jamais se tromper ; car ils ne rapportent rien à eux-mêmes, et ne s'attribuent pas ce qui vient de Dieu.

Le Disciple. — Mais d'où vient que les uns se trouvent dans de grandes angoisses de conscience, les autres dans une grande assurance ?

La Sagesse. — Parce que les uns et les autres ne se détachent pas complètement d'eux-mêmes : les uns, spirituellement, et alors ils éprouvent le tourment de leur possession ; les autres, matériellement, et alors ils se relâchent pour satisfaire leur corps ; mais celui qui ne retourne point à lui et qui reste entièrement abandonné en Dieu, celui-là jouit d'une vie tranquille et inaltérable.

Ce que je t'ai dit, mon bien-aimé, doit suffire ; on n'arrive point à ces vérités cachées en étudiant et en interrogeant ; on y parvient en se renonçant soi-même humblement en Dieu.

Copyright © 2024 par SSEL
Scribere Semper Et Legere
Design et couverture : Canva.com
Illustration : *Heinrich Seuse*, Francisco de Zurbaran, 1638,
Museo de Bellas Artes de Sevilla.
Traduction par Étienne Cartier, in *Œuvres du B. Henri Suso, de l'ordre des frères prêcheurs*. Paris : Sagnier et Bray, 1852.
ISBN Ebook 979-10-299-1727-1
ISBN Livre broché 979-10-299-1728-8
ISBN Livre relié 979-10-299-1729-5
Tous droits réservés

www.ingramcontent.com/pod-product-compliance
Lightning Source LLC
LaVergne TN
LVHW041532070526
838199LV00046B/1626